CÓMO PONER LÍMITES A TUS NIÑOS SIN DAÑARLOS

**Respuestas a los problemas
de disciplina más frecuentes
practicando una educación positiva**

Ma. Angélica Verduzco Álvarez Icaza
Esther Murow Troice

EDITORIAL
PAX MÉXICO

PORTADA: Víctor M. Santos Gally

© 2001 Editorial Pax México, Librería Carlos Cesarman, S.A.
         Av. Cuauhtémoc 1430
         Col. Santa Cruz Atoyac
         México, D.F. 03310
         Teléfono: 5605 7677
         Fax: 5605 7600
         editorialpax@editorialpax.com
         www.editorialpax.com

Primera edición
ISBN 978-968-860-425-0
Reservados todos los derechos
Impreso en México / *Printed in Mexico*

Dedicamos este libro a nuestro maestro,
el Dr. Darío Urdapilleta Bueno (q.e.p.d.),
a quien debemos el conocimiento, compromiso
y cariño hacia el trabajo con los niños

Índice

Cambian de estado de ánimo fácilmente y muchas veces sin previo aviso • Son impulsivos por naturaleza • Tienen que aprender habilidades en todas las áreas • Su pensamiento es concreto • Los niños pequeños piensan y sienten que son el centro del mundo • Hasta el final de la edad preescolar confunden la realidad con la fantasía • Manejan un concepto del tiempo completamente diferente al de los adultos • Aprenden a través de la imitación y el juego, sobre todo en la edad preescolar

Introducción

Este libro trata de cómo poner límites. Está dirigido a padres de familia, maestros, educadores y a toda persona que tiene contacto y toma parte en la educación de los niños.

Poner límites es aparentemente una acción natural que surge de la interacción entre dos personas, en este caso entre el adulto y el niño. Pero hacerlo no es tan natural ni tan sencillo; de hecho, a muchos padres se les dificulta enormemente hacerlo con sus hijos.

Un límite quiere decir "hasta aquí puedes llegar, no puedes pasar de donde te señalo". También es una forma de decirle al nino "te quiero, estoy al pendiente de tu desarrollo"; "yo, adulto, soy el responsable de tu bienestar y de enseñarte lo que puedes hacer o hasta dónde puedes llegar y cuáles son las consecuencias de tus actos"; "eres importante para mí y, por lo tanto, me preocupo de tus acciones".

Este libro surge de la experiencia que hemos tenido en el trabajo con todo tipo de niños. Por medio del trabajo y a lo largo del tiempo hemos observado que una buena parte de los problemas de comportamiento de los pequeños es debida a la falta de límites, ya que son puestos de manera inadecuada o simplemente no son puestos. Aún en los menores con problemas de conducta, muchas de sus dificultades en el desarrollo mejoran notablemente cuando les ponen límites de manera adecuada.

Cada capítulo de este libro consiste en una presentación de los diferentes temas y ejercicios para que el lector reafirme los conocimientos teóricos adquiridos.

Con los temas hacemos un recorrido desde las formas de educar, las características del desarrollo de los niños, hasta las formas de crear un ambiente favorable para que el niño se desarrole, como una forma de preparar el camino y utilizar opciones antes de poner límites y consecuencias.

Esperamos que este libro sea de utilidad al lector y le ayude a recordar que al poner límites está dando seguridad al niño y favoreciendo su desarrollo.

Educación positiva

En las últimas décadas hemos visto un interés creciente de parte de los padres de familia por el desarrollo y educación de sus hijos. Como padres comprometidos, están preocupados por el bienestar de sus pequeños, por amarlos, guiarlos, protegerlos dándoles los lineamientos y el ejemplo para que lleguen a ser adultos útiles a la sociedad.

¿Qué es un límite?

Un límite quiere decir hasta dónde podemos llegar. Encontramos que los países se diferencian uno de otro por sus límites territoriales que son sus fronteras, los horarios de trabajo también los tienen, los autos tienen el de velocidad y en todos los casos el límite es el que permite tener orden y una convivencia armónica entre las personas.

Así, en el caso de la educación, los límites señalan hasta dónde puede llegar un niño en su comportamiento.[1] Establecerlos es una forma de decirle que nos preocupamos por él; es enseñarle cómo funciona el mundo que lo rodea y sobre todo, que lo queremos y respetamos.

Si en la familia los marcamos adecuadamente estaremos trabajando para enseñarle a los pequeños una manera de convivir

---

[1] A lo largo del libro utilizaremos la palabra niño para referirnos tanto a niños como a niñas.

1

adecuadamente con otras personas y sobre todo que ellos también pueden ponerles límites a los demás, lo cual les será de mucha utilidad cuando sean adultos.

Desde la perspectiva de la educación positiva, la labor de poner límites está basada en una filosofía en la cual los adultos tratan de crear un ambiente propicio para que los menores se desarrollen.

Cada niño es considerado un individuo con necesidades específicas que van a variar según sus características personales y la etapa de desarrollo en la que se encuentre.

Todos los pequeños son diferentes y únicos por sí mismos. Aunque todos se desarrollan básicamente igual, a menos que tengan un problema o una enfermedad seria, al mismo tiempo tienen necesidades específicas de amor, aceptación y desarrollo de habilidades que van a variar de acuerdo a su edad.

Poner límites es una labor de prevención, ya que en la medida que los adultos están al pendiente de las necesidades de los pequeños y les van enseñando lo que necesitan según su edad, serán capaces de enfrentar nuevos retos. Lo más importante es trabajar para que sean felices y encuentren su lugar en la sociedad después de haber adquirido recursos para ser creativos, productivos y responsables.

Los puntos de la educación positiva son los siguientes:

1. Los adultos son educadores.
2. Los niños requieren de una presencia constante.
3. Los niños necesitan amor y aceptación incondicionales.
4. Los niños necesitan ser respetados.
5. Todos los niños son diferentes.
6. Los niños tienen diferentes necesidades según su etapa de desarrollo.
7. Crear un medio ambiente adecuado.
8. Enseñarle todo al niño.
9. Decir qué queremos y esperamos del niño.
10. Integrar al niño a las actividades de los adultos.

11. Enseñar al niño a enfrentar la vida de una manera positiva.

12. Es necesario utilizar el sentido común.

1. Los adultos son educadores

Como padres es necesario dedicar tiempo y energía a la educación

A diferencia de lo que mucha gente pudiera pensar, los niños NO se desarrollan solos, aunque genéticamente tengan habilidades para el lenguaje, caminar y aprender lo que ven. Son los adultos los que debemos de inducirlos y darles las herramientas necesarias para enfrentar al mundo.

Los padres son los encargados de guiar al niño

Es primordial que él conozca y desarrolle sus habilidades pero son los mayores, con su experiencia y conocimientos, quienes debemos ayudarle a descubrir por sí mismo todo lo que puede hacer: la mejor manera de pintar, patear la pelota, tocar algún instrumento o hacer sus primeros trazos.

Por otro lado, por su edad y nivel de maduración, no tiene la capacidad para tomar decisiones, para crearse un ambiente seguro y experiencias variadas y ricas; tampoco la de esperar para obtener lo que quiere y menos aún sabe lo que es más adecuado para él. En cambio las personas adultas que lo rodean lo saben por su edad, experiencia en la vida y también por su educación. Esta es la experiencia que debe de ser compartida y transmitida.

Al niño le atraen y le llaman la atención todos los estímulos que se le presentan, no puede distinguir entre lo que le convienc y lo que no y busca satisfacer sus necesidades de manera inmediata con todo lo que encuentra a su alrededor. Si le damos a escoger entre comer un dulce o verduras, preferirá el dulce aunque los adultos le digan que no es bueno para él, que es mejor que coma vegetales.

Los niños tampoco tienen la capacidad de autorregularse, de controlar sus impulsos, deseos y emociones. No son capaces de formar hábitos por sí mismos, esto sólo lo logran mediante la interacción con los adultos y con su medio ambiente. Las primeras experiencias las dan padres y hermanos, posteriormente los compañeros de la escuela, maestros y de ahí van aprendiendo lo que es aceptado y lo que no. Poco a poco moldean su personalidad con el fin de ser aprobados.

La función de los adultos es constituirse como guía y ejemplo

Somos los que tenemos la experiencia de la vida y quienes tenemos que crear un medio ambiente adecuado que le proporcione al niño lo que necesita tanto en el ámbito físico, mental, emocional y social; y somos los que le debemos enseñar cómo actuar, tomar decisiones y cuidarse. Al mismo tiempo debemos ser congruentes con lo que decimos y sobre todo, actuar como ejemplo para los menores porque ellos aprenden de lo que ven y son muy sensibles a las incongruencias entre lo que decimos y lo que hacemos. Como aprenden por imitación, si no cuentan con modelos adecuados tardarán mucho más tiempo en aprender lo que necesitan saber.

Los padres deben desarrollar una sensibilidad especial que les permita establecer un lenguaje de comunicación con el niño

Generalmente son los adultos, y en especial las madres, quienes conocen mejor lo que sus hijos necesitan y lo que les quieren decir, aun sin utilizar palabras. En consecuencia, pueden usar esta sensibilidad para comprender y educar a los pequeños.

Ser padre es como ser maestro

Aunque en ciertos casos el niño adquiere conocimiento del medio, el hecho es que esto lo hace cuando hay alguien que lo guía y le da las herramientas para desarrollar sus habilidades básicas. Cuando aprende, sus padres complementan este aprendizaje al señalarle la importancia y la utilidad de lo que asimiló.

Aun los menores que no viven en un hogar bien constituido buscan siempre refugiarse en alguien mayor que ellos para que les vaya señalando el camino, alguien a quien imitar y de quien aprender las reglas y el comportamiento, a quien parecerse y con quien identificarse.

El adulto debe tener disposición para cambiar

Es importante que los adultos tengan una disposición para cambiar y ver la educación como un proceso a largo plazo, que dura toda la vida.

La tarea de ser padres es un trabajo muy difícil. Implica asumir riesgos y tomar responsabilidades por las decisiones que hemos tomado. Son los que deben ir introduciendo al niño a la vida del adulto y no al revés.

A lo largo de nuestro trabajo, hemos visto que el comportamiento de los padres hacia los hijos es modificado sólo si están convencidos de lo que hacen, cuando cambian la percepción de los mismos progenitores y en consecuencia, la que tienen de los pequeños.

2. Los niños requieren de una presencia constante de sus padres

Los niños requieren de la presencia constante de sus padres o de un adulto que los guíe, ya que de otra manera se sienten desamparados y perdidos porque dependen completamente de esto. Necesitan sobre todo amor y cariño, así como la experiencia, el apoyo y la guía de sus mayores.

El tema de la calidad contra la cantidad de tiempo ha sido tratado frecuentemente. Sabemos que ambas son necesarias para el desarrollo del niño, pero no podemos pensar en que quince minutos diarios de tiempo de calidad son suficientes, así como tampoco ocho horas de estar junto, sin interesarse por él, es adecuado. Estar con un niño es como alimentar a una plantita a la cual hay que proveerle todos los nutrientes que requiere.

La mejor manera de enseñarle es darle un espacio e integrarlo, en lo posible, a la vida del adulto. Los padres que son eficaces les dedican tiempo a sus hijos y atienden sus necesidades y demandas, platican y pasan tiempo con ellos y les enseñan habilidades.

3. Los niños necesitan amor y aceptación incondicionales

Todas las personas necesitamos sentir el afecto de los que nos rodean, pero en el caso de los pequeños esto cobra mayor importancia, ya que su sentimiento de seguridad y el concepto de sí mismos dependen del amor y de la aceptación que reciben de los adultos.

Aceptación quiere decir que queremos al niño por quien es y no por lo que hace.

Todos los padres tenemos expectativas sobre nuestros pequeños. Éstas son por ejemplo, a quién queremos que se parezcan, cómo deben portarse, o incluso qué van a ser de grandes. Muchas veces los hijos no son como esperábamos o queríamos que fueran y ni siquiera como nos imaginábamos que serían. Algunos padres entienden esto y los aceptan como son, otros los alejan aunque no se den cuenta de lo que están haciendo. El rechazo causa un daño emocional profundo en el pequeño que es muy difícil de remediar, ya que si sus propios padres no lo aceptan como es, ¿quién lo hará?

....

La aceptación incondicional se refiere precisamente a aceptar a los niños, a los hijos tal como son, por quienes son, sin importar a quién se parecen, lo que hacen o si tienen gustos o intereses diferentes. Les damos amor porque se lo merecen y no tienen que hacer grandes méritos para recibirlo. A lo largo del tiempo, conforme crecen y maduran, tienen que participar de manera más activa en conservar el amor que sus padres les han dado en principio, incondicionalmente.

....

El amor y la aceptación deben ser incondicionales y son requisitos indispensables para que el menor se desarrolle seguro de sí mismo. Esto no quiere decir que vamos a hacer todo lo que él quiera ni a tolerarle comportamientos o demandas inadecuados. Sin este requisito no podremos poner límites ya que los niños no los admiten cuando vienen de personas que no los aceptan. Ellos perciben cuando los queremos y aceptamos, lo sienten y es difícil, aún para un adulto, fingir aceptación.

Tenemos que separar el ser del hacer: "yo te quiero porque eres mi hijo y no por lo que haces".

Los pequeños que han sido aceptados y apoyados a lo largo de su desarrollo y del tiempo, acogen más fácilmente los valores, actitudes, normas y creencias de sus padres. Esto lo podremos observar más claramente cuando lleguen a la adolescencia.

4. Los niños necesitan ser respetados

El respeto se refiere a la comprensión de las necesidades de los demás, en este caso entre padres e hijos.

Respetar a los niños implica escucharlos, entender su posición, verlos a los ojos y no criticarlos, no humillarlos, ni abusar de ellos física o emocionalmente. Nunca podremos esperar que los niños nos respeten si nosotros no tenemos la misma postura hacia ellos.

También está relacionada una actitud con la que los consideramos personas que merecen nuestra atención, cuidado y afecto, no "adultos chiquitos" que como son más chicos "no entienden ni sienten" y tienen que hacer lo que los mayores dicen.

Respetar a los niños no es hacer lo que ellos quieren, ni tomar al pie de la letra lo que expresan o argumentan, como cuando dicen: "no estás respetando mis derechos" y en realidad buscan librarse de algún regaño, aunque éste no tenga razón de ser.

El respeto debe ser mutuo, recíproco y en dos sentidos, de los adultos a los niños y viceversa.

5. Todos los niños son diferentes

Aunque el desarrollo de los humanos sigue un curso muy similar, determinado por las características de la especie, todos los niños son diferentes, desde su aspecto físico hasta su temperamento y personalidad y por lo tanto, tienen distintas necesidades en diferentes momentos de su vida.

Los padres son quienes los conocen mejor, e incluso pueden darse cuenta de que los hijos no son iguales entre sí, por ello, en ocasiones deben considerar las diferencias y poner límites y consecuencias adecuados para cada uno de los pequeños e incluso tratarlos de manera diferente si fuera necesario.

En esto es importante tener mucho cuidado porque cuando son mezcladas las expectativas como padres con las características de los hijos puede uno caer en el error de tratarlos con demasiada suavidad o dureza y peor aún, de relacionarse con cada uno de manera muy diferente, dispareja y hasta injusta.

6. Los niños tienen diferentes necesidades según su etapa de desarrollo

Como dijimos anteriormente, los niños pasan por diversas etapas; en ellas se comportan de manera diferente y tienen necesidades y deseos distintos. Los que tienen la misma edad comparten características similares; a esto le llamamos etapa de desarrollo. Por ejemplo, los de preescolar tienen en común un lenguaje poco desarrollado, en cambio los de edad escolar no sólo se expresan verbalmente, sino también lo hacen por escrito porque ya tienen la madurez y las habilidades para hacerlo.

Cada etapa tiene sus dificultades y logros, para un bebé de un año la tarea de empezar a caminar, junto con todas sus caídas, se verá recompensada por sus primeros pasos. Mientras más crece, va adquiriendo nuevas habilidades que se van sumando a las que ya tenía y que se combinan de manera tal que el pequeño es cada vez más complejo. Así, el logro de los niños de seis meses es sentarse solos, comunicar su bienestar o malestar con sonrisas, movimientos o gorgoritos. Al año de edad es comenzar a caminar, pararse solo, decir algunas palabras y hacerse entender a través de expresiones o ademanes para que otras persona le den lo que quiere. Como vemos, en sólo seis meses es una persona completamente diferente.

Es útil conocer las etapas de desarrollo para estar pendientes de qué necesitan los niños, cuáles son sus características y así saber qué esperar de ellos en diferentes momentos de su desarrollo.

No podemos esperar que el niño reaccione o piense como un adulto, ni tampoco exigirle que haga demasiadas cosas cuando aún no puede hacerlo por su edad, pensando que ésta es la manera de que crezca mejor o de que sea más inteligente.

En ocasiones presionamos a los pequeños para que hagan cosas para las que todavía no están listos, en buena medida porque su cuerpo no ha madurado. Al no poder realizar lo que les pedimos ellos se sienten mal, ineficientes, inútiles y ansiosos.

Es imprescindible brindarles experiencias enriquecedoras en el entendido de que no podemos alterar ni acelerar de manera significativa el curso de su desarrollo, de que al presionarlos es posible que se angustien sin ningún sentido.

Es preciso tener en mente que tenemos que respetar el ritmo de los niños y darles experiencias nuevas y divertidas de aprendizaje. Lo importante es no exigirles comportamientos o habilidades que todavía no están listos para manifestar y estimularlos para que hagan lo que les corresponde en cada etapa.

7. Un medio ambiente adecuado

Los adultos somos los responsables de crear el ambiente donde se desarrolla el niño. Éste debe tener dos características esenciales:

- Ser constante
- Ser predecible

Un ambiente constante es aquel en el que los elementos que lo forman son básicamente los mismos. Es en donde el niño puede tener la seguridad de que no habrá cambios radicales en su medio ambiente ni en las personas, rutina o en lo que lo rodea, a menos que se trate de una situación inesperada o de crisis.

Un ambiente predecible es aquel en el que hay una rutina, las personas encargadas de los niños son las mismas, las actividades están establecidas y no hay grandes cambios sin previo aviso a menos que sea una situación de crisis o de emergencia en la familia.

Un medio ambiente constante y predecible se refiere también a la manera como manejamos las acciones y las consecuencias de los actos en casa, de los menores y los adultos. Así el niño debe saber quién lo va a recoger en la escuela cada día o que si saca bajas calificaciones tendrá menos tiempo para jugar y más para estudiar.

El objetivo de un ambiente predecible y constante es darle seguridad al niño a través de la estabilidad. Cuando el medio en el que crece no tiene estas características, el pequeño se siente inseguro y esto repercute en su comportamiento dentro y fuera de casa.

Como ya dijimos

Para que un niño se desarrolle adecuadamente necesita un ambiente lo más predecible y constante posible.

8. Enseñarle todo al niño

La tarea de los padres finalmente se convierte en la de educadores o maestros de los niños porque son ellos quienes les tienen que enseñar todo, desde el control de sus movimientos y emociones hasta los hábitos para comer e ir al baño y las habilidades indispensables para ser independientes y relacionarse con otras personas.

Los pequeños tienen que aprender qué actividades son más importantes y en qué momento las pueden realizar, divertirse, ser responsables, respetar a los otros y ser respetados. Todo esto, que es una gran tarea, la transmiten los padres; posteriormente los maestros ayudan a reforzar este proceso.

Recuerde que tenemos que enseñarles y sobre todo, tenerles paciencia. Si usted piensa en el tiempo que le ha llevado aprender lo que sabe ahora, verá que ha sido mucho. Los pequeños tardan más en aprender porque no cuentan con la madurez necesaria para tener un perfecto control de sus movimientos, pensamientos ni de sus emociones.

Los frutos de lo que sembramos tardan en llegar, pero recordemos que tanto los adultos como el niño pueden aprender de los errores y estos servirán como experiencias para continuar con el proceso de educación en las siguientes etapas.

9. Decir qué queremos y esperamos de ellos

Conforme van creciendo, a los niños les enseñan las reglas de la casa, la familia y la escuela. Tenemos que decirles lo que esperamos de ellos para que tengan conocimiento de qué deben hacer y cómo deben comportarse, así como cuáles son las cosas importantes y las que no lo son tanto. Si les explicamos de manera tranquila y les hablamos con sus palabras, a su nivel, ellos podrán comprender y esto se reflejará en una mejor convivencia con la familia y con otras personas.

10. Integrar al niño a las actividades de los adultos

Los padres que son eficaces integran a sus hijos a su vida dándoles la suficiente seguridad de que sus necesidades van a ser atendidas cuando lo necesiten, de que van a platicar y jugar con ellos y a enseñarles habilidades.

11. Enseñarles a enfrentar la vida de una manera positiva

La actitud hacia la vida que tengan los padres va a marcar la diferencia en la manera como los niños van a sentir y a enfrentar las dificultades. Con este ejemplo pueden aprender a ser responsables de sus acciones, a asumir las consecuencias de lo que hacen y a comprender que todos cometemos errores, pero que generalmente hay manera de remediarlos y de aprender de ellos. Esto les da seguridad y una actitud positiva ante la vida. Es así como los niños aprenden en su familia a tener una actitud positiva o negativa ante la vida.

12. Utilizar el sentido común

Finalmente, los que mejor conocen a los hijos son sus padres. Por más reglas que nos aprendamos es necesario no perder de vista el sentido común, ya que debemos ir ajustando los cambios conforme los niños van creciendo y de acuerdo a las necesidades del momento.

Las técnicas que presentamos en este libro ayudan a tener más claros los objetivos de la educación, éstas se complementan con el conocimiento que los padres tienen de sus hijos y con sentido común.

Nota importante:
Los planteamientos, técnicas y ejercicios que presentamos en este libro sirven para la mayoría de los infantes. Existen otros niños que por sus características requieren de formas diferentes de educación y que, sobre todo, necesitan que sus padres utilicen estrategias alternas para poner límites. Entre éstos se encuentran los niños con Trastornos por déficit de atención,

algunos con problemas neurológicos y de conducta y aquellos que tienen trastornos de desarrollo más severos. **En esos casos es conveniente consultar a un especialista.**

··

Pasos para poner límites:

1. Conocer el tipo de autoridad que ejercemos.
2. Conocer las características y necesidades del niño según su etapa de desarrollo.
3. Definir objetivos precisos basados en valores claros.
4. Proporcionar un ambiente adecuado.
5. Formar hábitos.
6. Enseñar habilidades al niño.
7. Establecer los límites.
8. Aplicar consecuencias en caso necesario (en especial cuando los adultos establecieron límites firmes).

··

Nota: Los límites son el último eslabón de la cadena; primero es necesario pasar por todos los pasos anteriores al número 8.

Ejercicios

Marque con una X si afirma o niega las siguientes frases:

	Sí	No
¿Comprendo las necesidades de mi(s) hijo(s)?	☐	☐
¿Respeto a mi(s) hijo(s) y me respetan?	☐	☐
¿Acepto incondicionalmente a mi(s) hijo(s)?	☐	☐

Estilos de paternaje

Ser padres es una gran responsabilidad y un privilegio. Cuando los papás quieren mejorar sus técnicas o sus conocimientos para educar a los hijos, generalmente buscan información sobre los pequeños y rara vez se detienen a reflexionar en "¿cómo soy como padre?", "¿cómo me relaciono con mi hijo?", "¿qué espero de él?" o "¿cómo voy a lograr mis objetivos teniendo en cuenta quién soy?"

Este capítulo examina las diferentes formas de ejercer el paternaje y las ventajas y desventajas de cada una.

Características de los diferentes tipos de paternaje

Conocerse como padre es tan importante como conocer a los hijos, de aquí que a continuación presentemos algunos de los aspectos más importantes que conllevan la tarea de ser padres.

Desde hace algunas décadas la educación de los hijos se ha convertido en una preocupación. Es algo tan complejo que generalmente intervienen muchas personas: mamá, papá, los abuelos y maestros, entre otros.

Hasta hace doscientos años los niños eran considerados adultos chiquitos, no se entendía que tienen características y necesidades específicas y distintas a las de los mayores. Incluso eran tratados como si fueran objetos, como si no tuvieran senti-mientos y eran manejados sin ningún miramiento.

El desarrollo de la psicología y de la pedagogía dio como resultado que se prestara atención a los niños como personas en desarrollo y que se propusieran diferentes métodos de edu-carlos. Estas corrientes iban desde las que planteaban que ha-bía que dejarlos hacer lo que quisieran hasta que cumplieran siete años, hasta las que decían que los niños no debían tener reglas hasta los dieciocho. Otras expresaban que no tenían de-recho a opinar y que los adultos eran los únicos que sabíamos qué era bueno para ellos.

El psicoanálisis expuso la importancia que tienen los pri-meros cinco años de existencia en la vida de las personas. La gran revolución fue que empezamos a considerar con más cui-dado las experiencias y vivencias de este período. La gran des-ventaja es que se ha tiranizado el papel de los padres, sobre todo el de la madre, quienes a raíz y después de esto, empeza-ron a buscar otras formas de educar a los hijos.

Actualmente observamos que hay mucha confusión entre padres y educadores. Por una parte queremos que los niños crezcan de la mejor manera posible: felices, creativos e inde-pendientes; pero por la otra nos damos cuenta de que la falta o el exceso de parámetros, la inconsistencia o el maltrato afec-tan su desarrollo.

Métodos para educar

Las diversas corrientes que han sido creadas para educar son como un péndulo que va de lo autoritario y rígido a lo permi-sivo y excesivamente laxo, donde la dificultad ha sido encon-trar el punto medio óptimo.

Para fines didácticos vamos a presentar dos tipos de méto-dos para educar que han dado orientación con sus ideas en di-ferentes épocas:

En un extremo se encuentran los métodos rígidos y en el otro los permisivos.

Métodos rígidos

Eran los que practicaban nuestros padres y/o abuelos, son con los que nos educaron a gran parte de nosotros. Su característica principal es que la autoridad tenía todo el poder y las reglas, las órdenes no eran cuestionadas, no tomaban en cuenta las necesidades del niño y mucho menos lo que tenía que decir u opinar. Esta manera de formar a las nuevas generaciones tenía sus bases en la conservación de costumbres y valores socialmente aceptados. La transmisión de la información era de generación en generación y los mismos familiares se encargaban de instruir a las nuevas parejas en lo que "debían hacer". Las personas mayores tenían siempre la respuesta a los problemas. En aquella época, y aún hoy en día en algunos lugares, era la forma natural de educar, pero se llegó a tal exceso que sus efectos se vieron rápidamente.

El resultado fue una generación de adultos igualmente rígidos y autoritarios, con poca iniciativa y capacidad para tomar decisiones, porque siempre se había decidido por ellos que tenían una creatividad escasa y sobre todo una insensibilidad a las necesidades de los otros. Los niños crecían con un sentimiento amargo de opresión y de que no valía la pena hacer nada porque no les daban la oportunidad para expresarse. Incluso en sus extremos, las personas que practicaban esta forma de educación llegaban a abusar de los niños, física y emocionalmente. Lo más grave de todo esto es que no consideraban que les estuvieran haciendo ningún tipo de daño, ya que así habían sido educados ellos mismos y no conocían otros métodos.

Esta forma de educación se transmitía de generación en generación: los abuelos eran los encargados de que los hijos no se salieran de los parámetros y los tíos y en general la familia extensa contribuían a ello.

Como en todo, también estas técnicas tenían su lado positivo: tenían la virtud de crear un ambiente predecible y seguro donde se sabía qué esperar y se conocían perfectamente la consecuencia de cada acto si las reglas eran desobedecidas. Los niños básicamente necesitan predictibilidad y un ambiente estable para sentirse seguros, y este método se los proporcionaba.

Si bien los métodos autoritarios han sido empleados por mucho tiempo, caer en situaciones muy rígidas significa no escuchar al niño, no entender qué es lo que nos dice en ese momento y esto, de alguna manera, es más fácil que detenerse a escuchar y a comprender.

Por último, se llegó a abusar de tal manera de la autoridad mal entendida y del poder que estos métodos otorgaban a los educadores que fueron fuertemente criticados y se buscaron otras alternativas.

Métodos permisivos

En consecuencia surgieron corrientes de educación más permisivas, cuya posición era, en buena medida, opuesta a las autoritarias. El énfasis lo ponían justamente en dónde las anteriores habían fallado. Daban paso a la expresión, al desarrollo y la creatividad. Tomaban en cuenta los sentimientos e ideas, apoyaban al niño a tomar decisiones, incluso planteaban que no le debían de coartar su libertad porque él mismo tenía la capacidad para irse regulando conforme iba creciendo. En el extremo planteaban que tenía que decidir por sí mismo si quería estudiar o no y sobre todo, lo exentaban de cualquier trabajo, responsabilidad o actividad que le disgustara.

Ciertamente los niños crecían más libres, pero esto permitió observar que ellos no tienen la capacidad de autorregularse, ni de tomar decisiones a largo plazo. La falta de parámetros les generó mucha ansiedad e inseguridad, así como poca capacidad para esperar o satisfacer sus necesidades y por lo tanto, de jerarquizar sus actividades, de saber lo que es importante y lo que no.

El ambiente escolar y familiar poco estructurados dieron como resultado seres que, cuando salían al mundo, tenían serios problemas de adaptación en situaciones sociales y sentimientos de frustración e impotencia ante la falta de herramientas para enfrentar al mundo convencional.

No cabe duda que más permisividad fomenta la creatividad y la expresión de habilidades y sentimientos, pero la estructura del niño no puede venir del interior porque él funciona de acuerdo con la satisfacción inmediata de sus necesidades, lo cual no siempre conduce al desarrollo de habilidades y de la perseverancia.

El método rígido y el permisivo no han sido las únicas maneras que se han usado para educar. Con la confusión generada en relación con cómo educar sin dañar a los hijos, ya que ningún padre quiere hacerlo, se han empleado otras técnicas.

Combinación de métodos

Combinar métodos se refiere a pasar de la disciplina rígida a la permisiva y viceversa, vamos de una a otra cuando otras estrategias no funcionan, pero no permanecemos en ninguna de ellas y por lo tanto, no son efectivas. Es posible que algunos padres ya estén haciendo esto y que ni siquiera se hayan dado cuenta, pero que tengan una sensación de estar en algo equivocado.

Cuando alternamos diferentes técnicas en la educación, podemos compensar las deficiencias de unas con otras, pero generalmente lo hacemos de una manera indiscriminada e inconsistente, y únicamente para remediar situaciones problemáticas eñ las que hemos actuado desatinadamente. Esto provoca desconcierto y por lo tanto inseguridad. El ejemplo clásico es que cuando hay un problema los padres tratan de enfrentarlo siendo "comprensivos" y dejando que el pequeño "entienda y tome las medidas para solucionar la situación", pero cuando eso no funciona entonces son muy exigentes, administran castigos y toman decisiones por el niño.

Empleo de métodos utilizados por nuestros padres

Ante el desconcierto o la desesperación, algunas personas recurren a lo que sus padres hicieron. En ese caso el razonamiento es que "más vale malo conocido que bueno por conocer", "después de todo uno no salió tan mal". La ventaja es que ya han visto o vivido esos métodos y sus resultados. La desventaja es que al ser juez y parte, generalmente son aplicados las medidas de acuerdo a la manera en que han sido vividos y en un momento dado dejamos de hacer algo que estuvo bien porque no nos gustó o al contrario, realizamos acciones que nos parecieron agradables aunque no nos lleven a ningún lado.

Es importante recordar que ellos son diferentes a los padres y que el momento en el que los educaron fue distinto al que están viviendo. Son otros en comparación a sus padres, los hijos lo son con respecto a ellos y sobre todo, las épocas son distintas. Los niños de ahora tienen que enfrentarse a situaciones nuevas en comparación a las que les tocaron. Incluso es necesario considerar que todos los miembros de una familia son únicos, que actúan de manera particular y tienen necesidades peculiares.

Copiar lo que otras personas hacen

En la desesperación, podemos hasta copiar un método utilizado por otra persona. Partimos de la base de que si ha servido en alguna ocasión tiene probabilidad de funcionar. Es importante considerar que si una técnica fue eficaz, no forzosamente va a serlo siempre, porque cada niño es diferente y los padres también.

A continuación resumimos los métodos usados con más frecuencia para educar junto con sus características principales. Para fines didácticos sólo tomamos métodos extremos para contrastarlos.

Métodos para educar

Método	Ventajas	Desventajas
Métodos rígidos	• Dan seguridad, estabilidad y predictibilidad	• No fomentan la responsabilidad • No dan espacio a la expresión • No permiten el ejercicio de la toma de decisiones
Métodos laxos	• Fomentan la creatividad, la expresión de habilidades y sentimientos	• No proporcionan la estructura suficiente para dar estabilidad

continúa en la siguiente página

Combinación de métodos	• Los beneficios de un método pueden compensar o subsanar las deficiencias de otro, pero sólo de manera temporal	• Pueden provocar inseguridad, incongruencia y contradicción extremas
Métodos usados por los propios padres	• Ya se han vivido los aciertos y desaciertos del método	• Hay dificultad para equilibrar los aspectos positivos y negativos con la experiencia personal • Las épocas y las situaciones cambian
Copiar algún método usado por otra persona	• Tiene alguna probabilidad de funcionar si ya ha mostrado eficacia	• Es difícil que funcione porque las personas y las circunstancias son diferentes

Estilos para ejercer el paternaje

Por otro lado, así como existen diversos métodos para educar a los niños, también existen varios tipos de padres. De acuerdo con el estilo con que para ejercemos la autoridad podemos ser:

Padres permisivos

Son aquellos que establecen pocas reglas, piensan que no es necesario administrar consecuencias porque sus hijos ya aprenderán de la experiencia, "a fin de cuentas sólo son niños". En general, dan pocos lineamientos para el comportamiento  y por lo tanto, evitan en lo posible ejercer su autoridad. Como consecuencia, de llegar al extremo, los pequeños pueden carecer de una estructura suficiente para lograr sus objetivos.

Padres autoritarios

Son demandantes y estrictos. No administran consecuencias sino castigos. Tampoco dan opciones ni permiten que sus hijos se expresen. Valoran la obediencia, el orden y la tradición familiar en detrimento de la independencia y la individualidad. Generalmente piensan 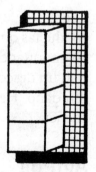 que los niños no pueden tomar sus propias decisiones, que la comunicación con ellos debe ser mínima salvo en lo que se refiere a dar órdenes y castigos y que la función de los pequeños es sólo escuchar y acatar. Como dijimos, los hijos de padres autoritarios que llevan su dominio al extremo, al crecer pueden ser rebeldes, tener una pobre autoestima o ser dependientes de la opinión de otras personas.

Padres tolerantes

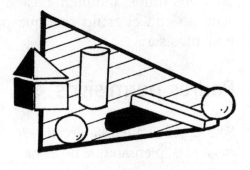

Esperan de sus hijos una conducta apropiada de acuerdo a su edad y las normas establecidas en casa. Aprecian la individualidad y la independencia al tiempo que reconocen las necesidades del niño y le dan opciones. Existe una mejor comunicación entre ellos y sus pequeños, los cuales pueden desarrollar una independencia con responsabilidad, una autoestima adecuada y un buen control.

Conductas que no propician el desarrollo del niño

Además de estas maneras de ejercer la paternidad, hay algunas conductas que son con cierta frecuencia llevadas a sus extremos. La importancia de mencionarlas es que cuando aparecen propician un desequilibrio en el desarrollo y, las más de las veces, hacen daño. He aquí algunas de las que observamos con más frecuencia.

Agredir

Cuando hay exceso de agresividad y hostilidad, ya sea física o verbal, y el niño es atacado en su integridad corporal, psicológica o emocional, puede provocar que mientras está frente al padre agresor se sienta invadido por el miedo y se someta a sus deseos, ya que de otra manera podría ser su víctima.

Los sentimientos de enojo, tristeza e impotencia que la violencia provoca, a su vez pueden ser expresados por los niños con otras personas, generalmente más débiles, como son los hermanos menores o los compañeros de escuela. Esto produce una cadena interminable porque para estos pequeños la agresión, aunque dolorosa, parece la forma natural de relacionarse con otros, y sólo se dan cuenta de que esto no es cierto cuando se meten en problemas con otros niños, en la escuela o cuando tienen oportunidad de ver cómo se relacionan otras familias donde la hostilidad no es parte de la vida diaria. Desgraciadamente, estos patrones tienden a reproducirse de generación en generación a menos que la persona que ha sido víctima de la agresión de sus padres tome conciencia de que ésta no es la forma de educar y de establecer relaciones con sus hijos.

Culpabilizar

En ocasiones empleamos la culpa como forma de educar, haciendo sentir al niño que es culpable o responsable de todo lo malo que sucede o hace y que su presencia es el origen del malestar de los otros. El menor, siente que decepciona a los adultos por una falla esencial en él mismo, que es "malo" y sobre todo, que no tiene alternativa para cambiar ante los ojos de los mayores.

Esto produce niños inseguros y temerosos, que siempre dudan de ellos, con una pobre autoestima, poca iniciativa y con un sentimiento de desesperanza para realizar acciones porque, a fin de cuentas, si éstas salen mal "es por su culpa".

Sobreproteger

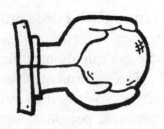

Hacer todo para el niño, no permitir que tenga ninguna molestia ni que enfrente experiencias de la vida en las que pueda correr algún riesgo, podrían parecer actitudes que muestran que sentimos una gran preocupación por él, pero la realidad es que no le estamos dando la oportunidad de que se desarrolle y adquiera experiencias por sí mismo, es como si fuera incapaz de hacer algo. En consecuencia, el menor sobreprotegido estará cada vez en más desventaja frente a sus compañeros porque sus padres no le permiten fortalecerse. Una situación que al principio le parece placentera, a la larga va a provocar que sienta que no es una persona en la que otras personas confían, que puede lograr algo y tendrá poca capacidad de enfrentar los problemas a medida que crece.

Poner distancia afectiva

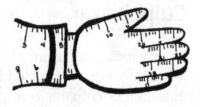

Se refiere a situaciones en las que los padres no están con sus hijos tanto tiempo como sería conveniente debido a las actividades u ocupaciones que tienen. Aun cuando se deba al esfuerzo por subsistir o por mantener un nivel de vida, los niños viven esta distancia como falta de afecto.

La lejanía puede manifestarse en la falta de contacto afectivo, ya sea físico o emocional, y ésta puede manifestarse debido a las características de personalidad de los adultos, tales como que no les guste acariciar, platicar o jugar con sus pequeños, o a trastornos como la depresión que hace que se mantengan alejados y aislados emocionalmente.

La distancia afectiva puede provocar que el niño perciba que no lo queremos porque hay algo malo en él, y es probable que su autoestima se dañe al sentir que no es lo suficientemente valioso como para estar con alguien para quien él sea importante. También puede repercutir en sus relaciones en el futuro debido a que no habrá convivido lo suficiente con otras personas.

Rechazar

Hay muchas formas de expresar rechazo a un niño; ya sea de manera explícita: "nunca haces nada bien" o implícita, como criticarlo constantemente. Los pequeños lo perciben, saben si está o no presente. Puede deberse a un sin número de motivos y genera mucha inseguridad y duda en el menor, ya que no confía en quién es porque, como consecuencia de esta actitud, no ha tenido oportunidad de formarse una imagen clara o real de sí mismo. El rechazo tiene un gran impacto en la seguridad y en la autoestima del niño, quien crecerá y vivirá con la idea de que no es aceptado.

Ejercicios

En las líneas que a continuación presentamos:

a) Marque con una X donde esté el tipo de autoridad que ejerce.
b) Ponga una línea punteada en el lugar donde se encuentra el tipo de autoridad que le gustaría ejercer.

Si contesta en pareja, la madre responderá en el renglón que tiene una "M" y el padre en el que tiene una "P". Es conveniente comparar resultados y observar si hay discrepancias o formas diferentes en cómo cada uno califica su tipo de autoridad.

Presentamos las áreas más significativas, pero según las necesidades y la edad de los niños éstas pueden cambiar o ser omitidas.

Hábitos

Comer

	Nunca paso por alto el hábito	Refuerzo el hábito y puedo ser flexible si se requiere	No fomento el hábito
	(Rigidez)	**(Tolerancia)**	**(Permisividad)**
M	☐	☐	☐
P	☐	☐	☐

Dormir

	Nunca paso por alto el hábito	Refuerzo el hábito y puedo ser flexible si se requiere	No fomento el hábito
	(Rigidez)	**(Tolerancia)**	**(Permisividad)**
M	☐	☐	☐
P	☐	☐	☐

Control de esfínteres

	Nunca paso por alto el hábito	Refuerzo el hábito y puedo ser flexible si se requiere	No fomento el hábito
	(Rigidez)	**(Tolerancia)**	**(Permisividad)**
M	☐	☐	☐
P	☐	☐	☐

Limpieza

	Nunca paso por alto el hábito	Refuerzo el hábito y puedo ser flexible si se requiere	No fomento el hábito
	(Rigidez)	**(Tolerancia)**	**(Permisividad)**
M	☐	☐	☐
P	☐	☐	☐

Urbanidad

	Nunca paso por alto el hábito	Refuerzo el hábito y puedo ser flexible si se requiere	No fomento el hábito
	(Rigidez)	**(Tolerancia)**	**(Permisividad)**
M	☐	☐	☐
P	☐	☐	☐

Aceptación de reglas en casa

	Nunca paso por alto una falta	Puedo ser flexible si se requiere	No fomento las reglas
	(Rigidez)	**(Tolerancia)**	**(Permisividad)**
M	☐	☐	☐
P	☐	☐	☐

Pleitos entre hermanos (si aplica)

	Nunca acepto un pleito	Puedo aceptar de vez en cuando un pleito	No me meto en los pleitos
	(Rigidez)	**(Tolerancia)**	**(Permisividad)**
M	☐	☐	☐
P	☐	☐	☐

Berrinches y conductas insistentes (como por ejemplo compra de objetos, deseos de salir)

	No tolero un sólo berrinche	Puedo ser flexible y entender algunos berrinches	Dejo que haga los berrinches que quiera
	(Rigidez)	**(Tolerancia)**	**(Permisividad)**
M	☐	☐	☐
P	☐	☐	☐

Tareas escolares (si aplica)

	No paso la falta de una sola tarea	Puedo entender alguna situación especial berrinches	No importa si hace o no atreas
	(Rigidez)	**(Tolerancia)**	**(Permisividad)**
M	☐	☐	☐
P	☐	☐	☐

Comportamiento fuera de casa (como cuando se va de visita o a restaurantes)

	Nunca permito algo inadecuado	Puedo ser flexible dependiendo de la situación	No importa lo que haga
	(Rigidez)	(Tolerancia)	(Permisividad)
M	☐	☐	☐
P	☐	☐	☐

Haciendo referencia al ejercicio anterior, describa el tipo de autoridad que ejerce: rígida, tolerante o permisiva:

Trate de recordar cómo fue su educación. Describa las características positivas y negativas de las personas que lo(a) educaron en casa. A continuación escriba en las columnas estas cualidades, del lado izquierdo anotará las positivas y del lado derecho las negativas.

Características positivas de las personas que me educaron	Características negativas de las personas que me educaron

Observe si su forma de educar se parece a la que vivió en su niñez. Anote lo que es similar y lo que es diferente.

Es similar en:

_____

_____

_____

_____

_____

_____

_____

_____

Es diferente en:

_____

_____

_____

_____

_____

_____

_____

_____

_____

Características de los niños

Para poder educar necesitamos tener algunos conocimientos básicos acerca de las características de los niños:

Pasan por diferentes etapas de desarrollo

El desarrollo es una secuencia predecible y todos los niños tienen que pasar por ella en el mismo orden para llegar a la madurez.
No pueden pasar a una etapa más avanzada si no han superado las anteriores, tampoco se las pueden saltar. Cada etapa de desarrollo tiene sus características.

Dependen completamente de los adultos

Los niños no pueden sobrevivir por sí mismos, solos, y pasan muchos años antes de que sean autosuficientes. Dependen de los adultos para satisfacer sus necesidades básicas de comida, salud, afecto, nuevas experiencias, educación y aprendizaje.

Son inquietos por naturaleza

Les gusta explorar, hacer ruido, moverse.

Su lenguaje es limitado

Tanto por el número de palabras como por su capacidad limitada de expresar conceptos abstractos, no pueden decir cómo se sienten o qué les hace sentir bien o mal, pero lo expresan con sus conductas y actitudes. Es tarea de los adultos tratar de comprenderlos y tenerles paciencia, así como enseñarles a expresarse de acuerdo a su edad y habilidades.

Cambian de estado de ánimo fácilmente y muchas veces sin previo aviso

No tienen control sobre la expresión de sus sentimientos, esto lo van adquiriendo con la edad. Sus reacciones son exageradas y se manifiestan como alegría extrema, berrinches, enojo y cambios de humor exagerados y repentinos.

Son impulsivos por naturaleza

Poco a poco tienen que ir aprendiendo a controlarse y a decir qué es lo que quieren o necesitan.

Tienen que aprender habilidades en todas las áreas

El control de sus movimientos, a expresarse, a saber para qué se usan las cosas y cómo comportarse en diferentes situaciones. Algunas de las habilidades como el control de sus movimientos y la coordinación se deben a la maduración del sistema nervioso central, la edad y la estimulación; otras son aprendidas del medio. Los adultos tienen que enseñarles cómo beber de un vaso, a tomar los cubiertos para comer y a saludar cuando llegan a un lugar; aunque a veces es un trabajo muy desgastante, hay cosas que nunca aprenderán solos y es únicamente a través de la interacción con sus padres y otras personas que van a adquirir esas habilidades.

Su pensamiento es concreto

Por lo que las explicaciones que les damos deben ser con ejemplos que puedan ver y comprender. Los conceptos abstractos les son ajenos, por eso es mejor darles explicaciones con elementos que les sean familiares y que puedan ver y tocar.

Los niños pequeños piensan y sienten que son el centro del mundo

Los niños en edad pre-escolar no tienen la capacidad de ver el punto de vista de los demás ni entienden opiniones que son diferentes a su posición. Piensan que todo sucede para su placer y beneficio. No son capaces de compartir sus juguetes ni de experimentar cómo se siente el otro, pero a pesar de ello, ésta es la edad en la que aprenden a compartir y a tener compasión. Esto suena como una paradoja, sin embargo, aunque ese tipo de sentimientos todavía no se originan en ellos, son los padres quienes siembran la semilla para la empatía. El pensamiento egocéntrico es normal hasta el final de la edad preescolar y posteriormente se va modificando hasta que el niño puede entender a otros y considerar sus necesidades.

Hasta el final de la edad preescolar confunden la realidad con la fantasía

Para ellos lo que sucede en la televisión o en los cuentos es real. En consecuencia, se angustian con lo que ven en las películas o no miden el peligro cuando pretenden ser Superhombres y quieren volar. Por eso es mejor darles ejemplos concretos y crear un ambiente de seguridad.

Manejan un concepto del tiempo completamente diferente al de los adultos

Para los niños muy pequeños un día es muchísimo tiempo; para explicarles que faltan tres días les podemos decir que se tiene que ir a dormir tres veces, o que cuando sean vacaciones grandes muchos días no irán a la escuela. Conforme van creciendo, su percepción del tiempo se va volviendo más exacta, más cercana a la realidad.

Aprenden a través de la imitación y el juego, sobre todo en la edad preescolar

El juego es su principal actividad y su forma más eficaz de aprendizaje, ya que les permite interpretar el mundo y a dominarlo ensayando diferentes roles.

Patrones de temperamento

Los niños nacen con ciertas características que determinan la manera como se relacionan con el mundo y reaccionan al medio ambiente. Éstas conforman el temperamento, el cual es una parte de la constitución de la persona y tiene elementos hereditarios; es, en buena medida, con lo que nacemos. Sus cualidades no son pasajeras, sino más o menos estables y permanentes.

Dos investigadores del desarrollo infantil, Stella Chess y Alexander Thomass, plantean que el temperamento está formado por nueve características. Dicen que los niños nacen así y que estas cualidades se van modificando con la interacción con el medio ambiente. La influencia más importante para los bebés son sus padres y posteriormente la escuela.

Las particularidades del temperamento son más claras cuando los niños son muy pequeños y conforme pasa el tiempo se van modificando.

Las nueve características del temperamento que describen son:

1. Nivel de actividad (nivel de energía)

Es qué tan activos o pasivos son en su desempeño físico. Hay niños muy activos; otros medianamente activos que pueden permanecer quietos cuando así lo tienen que hacer, juegan a la hora de jugar y descansan de ser necesario; y hay también los que son muy pasivos, que prefieren estar sentados, no se mueven ni necesitan hacerlo aun desde pequeños.

Tanto el exceso como la falta de actividad física en *extremo* a veces pueden indicar la presencia de algún problema, porque todos los niños deben alternar períodos de actividad y reposo.

2. Regularidad

Se refiere a qué funciones biológicas, como el sueño, la alimentación y las de eliminación (ir al baño), son periódicas y predecibles y se define por la cantidad de tiempo que duerme el niño, si es mucho o poco, si a veces come frecuentemente o a veces espacia los alimentos.

Los niños irregulares tienden a ser impredecibles en sus funciones biológicas. Los regulares son más fáciles de criar que los que no lo son, que en ocasiones causan conflictos a sus madres porque sienten que no los pueden educar y que sus esfuerzos para desarrollar hábitos son inútiles. Sin embargo, es importante comprender que así es el niño, que requiere de mayor esfuerzo para instaurar en él hábitos y que esto no tiene que ver con la eficiencia de los padres para educarlo.

3. Aproximación-retiro (primera reacción)

Tiene que ver con qué tanto aceptan personas o situaciones, como un lugar nuevo o la comida que prueba por primera vez. Hay niños que no aceptan cambios fácilmente y les lleva más tiempo que a otros.

4. Adaptabilidad

Es la disposición con la que aceptan las transiciones, los cambios a una nueva actividad o a una nueva situación. Un ejemplo es cuando asisten a una fiesta, hay algunos pequeños que se quedan pegados a las faldas de la mamá y al poco tiempo se ponen a jugar; algunos se van a jugar cuando la fiesta está a punto de terminar, y otros nunca se separan de su acompañante.

La habilidad para adaptarse a situaciones nuevas o al cambio puede ir de lo rápido a lo lento o muy lento.

5. Umbral sensorial (sensibilidad)

Es la intensidad con la que tenemos que estimular a los niños para que respondan. Hay unos a los que si les hablamos normalmente hacen caso, voltean y contestan; algunos se asustan o sobresaltan cuando les hablamos un poco fuerte y otros no responden ni aunque les gritemos porque necesitan estímulos intensos.

En el caso de los bebés esto se observa claramente. Por ejemplo algunos pequeños despiertan cuando están dormidos y hacemos ruido cerca de ellos o les prendemos la luz; y otros tienen un umbral sensorial muy bajo y con cualquier ruido despiertan y lloran. En lo que se refiere a los límites, el umbral sensorial influirá en la forma como los vamos a establecer: a los niños que tienen un umbral sensorial muy alto les tendremos que repetir las cosas y hablar más fuerte, por el contrario, con los que lo tienen bajo tendremos que ser más suaves.

6. Calidad del talante (humor)

Se refiere al estado de ánimo que expresan la mayor parte del tiempo. Hay niños que son básicamente huraños, tristes o felices. Ellos nacen con un talante determinado, por ejemplo, algunos padres dicen "¡qué niño tan feliz!, siempre está contento". Este aspecto tiende a ser muy susceptible a las influencias del medio ambiente y es el que más puede ir cambiando con el tiempo.

7. Intensidad de las reacciones

Tiene que ver con qué tan fuertes o intensas son sus reacciones ante un evento. Hay niños que cuando se caen y hacen un rasponcito lloran muchísimo; otros se levantan, sacuden y siguen jugando. Lo que debemos observar es si la reacción es proporcional a lo que pasa, manteniendo en mente que generalmente las niñas tienden a reaccionar más intensamente que los varones.

8. Distractibilidad

Es la facilidad con que cambian su conducta de acuerdo a los estímulos del medio ambiente. Hay pequeños que realizan una actividad pero que se distraen ante cualquier estímulo externo y desvían su atención; o niños que no pueden reconocer lo que es importante y ponen interés en lo que no lo es tanto. Es necesario tomar en cuenta que cuando son pequeños los intervalos de atención son cortos y que a medida que crecen se van alargando. Un ejemplo es cuando el niño está haciendo un trabajo y cambia constantemente de una actividad a otra.

9. Persistencia del período de atención

Se refiere al tiempo que pueden permanecer en una actividad, si continúan en la tarea aunque haya estímulos que los distraigan. La observamos en los niños que se concentran en lo que están haciendo, estudiando o jugando y llegan a la meta adecuadamente. El extremo de esto son niños que no se pueden despegar de lo que están realizando y la maestra les tiene que repetir varias veces que ya es hora de cambiar de actividad.

Características de desarrollo del niño

Los niños tienen diferentes características en cada etapa de su desarrollo, y a medida que pasa el tiempo adquieren habilidades que les van a permitir ser independientes.

Para poner límites, educar y entenderlos es necesario conocer algunos de los principales puntos de este proceso. A continuación presentamos varios de los principales aspectos del desarrollo infantil.

Los tiempos que manejamos se refieren a la mayoría de los niños, aunque unos logran tener estas habilidades poco antes de lo señalado y otros después. Lo importante es que todos deben alcanzar estos aspectos dentro de un tiempo cercano al que planteamos. *Si el pequeño no lo ha logrado después de un lapso razonable, sugerimos consultar a un especialista.*

De 0 a 36 semanas

Este es un período muy largo en el que suceden tantos cambios que un bebé es casi irreconocible si lo comparamos cuando nació con cómo es a los nueve meses.

En cuanto a seguridad y predictibilidad del ambiente, el niño necesita una persona(s) (básicamente la(s) misma(s)) que se haga cargo de él; satisfaga sus necesidades básicas de amor, alimentación y bienestar físico; y que responda a sus llamadas de atención, como cuando llora, sonríe o quiere que esté cerca.

Es la etapa en la que desarrolla su confianza en el medio ambiente y esto lo logra en buena medida cuando las personas que se ocupan de él le dan seguridad, amor y cariño de manera predecible y constante. Necesita una rutina previsible.

Su principal tarea es la adquisición de habilidades psicomotoras básicas, ya que en esta etapa hay logros importantes en su desarrollo motor. A los tres meses sostiene la cabeza, a los seis se sienta con apoyo; a los siete se para cuando lo sostienen; a los ocho se sienta sin apoyo, agarra su biberón con las manos y bebe de él, toma alimentos grandes con las manos y se los lleva a la boca; agarra juguetes, sonajas, se mete todo a la boca, si le cantamos responde, voltea si lo llamamos por su nombre y se reconoce en el espejo.

Asimismo su lenguaje empieza a desarrollarse a través de la interacción con las personas que le rodean ya que imita y repite los ruidos que escucha.

Alrededor de los nueve meses responde con expresiones sonoras a lo que sucede a su alrededor y se comunica con los que le rodean a través de sílabas o sonidos que tiene un significado específico para él y que las personas que lo cuidan comprenden. Cuando está inquieto lo podemos tranquilizar ofreciéndole actividades que lo distraigan, como enseñarle una sonaja o llevarlo a pasear en brazos. Si se siente mal o está enfermo llora, por lo que debemos poner atención al tipo de llanto que presenta.

En esta etapa se empiezan a formar los hábitos de alimentación y sueño principalmente.

Entre 9 y 12 meses

Las necesidades de seguridad y predictibilidad son las mismas de la etapa anterior. El niño presenta la primera de las crisis de ansiedad de separación en la que no quiere estar lejos de su madre o de las personas conocidas por él, lo cual es perfectamente normal y tiende a ir disminuyendo con el tiempo. Esta primera crisis tiene su origen en el desarrollo de la inteligencia, porque el pequeño ya reconoce a su mamá como persona única, pero todavía no sabe que si ella no está frente a él sigue existiendo en otra parte. Mientras desarrolla esta confianza ligada a la imagen mental de su madre se siente muy ansioso. Aun los niños que han sido muy sociables empiezan a desconocer a los extraños y ya no se quieren ir con ellos. Esto empieza a mejorar alrededor de los dieciocho meses, por lo tanto, es importante que en esta etapa las personas encargadas del menor sean constantes y predecibles y que de ser posible, los padres no lo dejen por periodos largos, como puede ser por viajes.

En cuanto al desarrollo de habilidades, alrededor de los once meses se para solo y a los trece empieza a caminar. Comienza a decir algunas palabras a las personas que tienen un significado especial para él y los adultos que lo cuidan las entienden. Come sin ayuda con las manos y hace un tiradero alrededor del plato, por lo que las mamás prefieren alimentarlo a tener que recoger. Sin embargo, es recomendable dejarlo comer solo como parte del inicio de su independencia.

Las conductas problemáticas todavía se dan en la instauración de los hábitos de alimentación y sueño. Es importante que, de ser posible, duerma en su cama y no en la de sus padres, a menos que sea una situación especial, como cuando está enfermo. Esta recomendación se aplica en las etapas que siguen.

Entre los 12 y los 18 meses

En cuanto a seguridad y predictibilidad, éste es el período en el que debemos ser un poco más flexibles porque empieza a auto-afirmarse. En esta edad busca la aprobación de los adultos, ya que somos quienes le indicamos con nuestras actitudes y palabras lo que está bien y lo que nos gusta que haga. También somos quienes vamos a reconocer sus logros. En este momento el niño siente que el mundo gira a su alrededor, por lo que debemos instaurar hábitos y límites tomando en cuenta este punto de vista, pero también el objetivo que queremos lograr.

No es recomendable utilizar la fuerza y es necesario ser constantes y predecibles. Como el niño ya camina y se dedica a explorar su medio, es esencial que tenga un ambiente libre de peligros en el que pueda investigar. Esto debe seguir durante toda la etapa preescolar.

Es básico continuar con la instauración de hábitos.

Las conductas problemáticas son para llamar la atención de los adultos, por lo que aunque el pequeño es muy gracioso, en esta edad necesitamos tener cuidado en lo que le decimos que no debe hacer y en cómo lo expresamos.

También debemos recordar que los niños hacen las cosas por imitación, de aquí que sea conveniente no realizar acciones que puedan copiar y que sean peligrosas para ellos.

Entre los 18 y los 24 meses

El niño ya camina bien, habla frases cortas y es independiente en su medio. La socialización con papá y otras personas aumenta y está en plena etapa de autoafirmación. Es la época en que para todo dice que no y en que mamá se desespera por esto. Debemos tener en cuenta que el "no" tiene un significado diferente para él y que no hay que tomarlo literalmente. Para lograr que haga lo que queremos, como que se ponga el suéter, es posible distraerlo de lo que está diciendo y lograr el objetivo.

Las conductas problemáticas son que quiere hacer las cosas solo cuando aún no está del todo listo, el inicio de los berrinches, el oposicionismo y algunos cambios en el apetito y los hábitos de alimentación.

Se presenta nuevamente una etapa de ansiedad de separación en la que necesita sentirse seguro con las personas que lo cuidan. A esta edad ya come solo empleando la cuchara, toma líquidos en un vaso e incluso le podemos dar algunas tareas como recoger juguetes grandes.

Entre los 24 y los 36 meses

Las necesidades de seguridad siguen siendo darle un ambiente predecible y libre de peligros que pueda explorar. Es importante que tenga una rutina establecida, que sepa qué es lo que esperamos de él y darle información sobre lo que va a suceder en el día, por ejemplo, advertirle que va a comer en casa de su abuelita.

En cuanto a las habilidades esperadas, en esta edad empieza el entrenamiento del control de esfínteres. Para lograrlo es necesario que sepa caminar y hablar, que tenga la madurez neurológica para reconocer las sensaciones de que quiere ir al baño y que muestre cierto interés por las actividades relacionadas con esto. El entrenamiento del control de esfínteres puede empezar alrededor de los dos años y medio. Si el niño ya está listo lo conseguirá en un lapso corto; si todavía está inmaduro, le tomará mucho más tiempo y esfuerzo.

A esta edad ya debe dormir en su cama y tener un horario establecido. Su lenguaje es comprensible y está formado por oraciones completas, aunque todavía puede tener errores de pronunciación y gramática. También ha desarrollado un sentido del yo, se reconoce como persona separada de los demás, en especial de mamá.

Las conductas problemáticas de la edad son el control de esfínteres; los berrinches que se deben a la angustia que le provocan todos los logros del desarrollo que ha tenido en un tiempo tan corto; los terrores nocturnos por los que se levanta en la noche llorando como si estuviera soñando, generalmente sin despertarse y a la mañana siguiente no recuerda el episodio, ante lo cual lo único que podemos hacer es tranquilizarlo. Otra conducta problemática es, una vez más, la ansiedad de separación debida a los temores que le provoca el contacto que tiene con el mundo externo, fuera de la familia, la cual se agudiza por la fantasía tan activa de la edad.

En este período ya pide lo que necesita; se pone la ropa pero mal, al revés o mete la mano por donde no debe; se quita algunas prendas y los zapatos. Pone cosas grandes en la mesa, como servilletas, construye una torre de tres cubos y dibuja una figura humana que es una cabeza con dos líneas que son las piernas.

A los 4 años

En cuanto a seguridad y predictibilidad, necesita una persona que lo acompañe, que vea y reconozca sus progresos y logros. Es la edad en la que dice "mira como lo hago" y lo importante es que lo veamos para que se sienta reconocido, las cosas no tienen sentido si no las perciben mamá o papá, si no lo hacen no lo ven a él.

Ya debe haber establecido el control de esfínteres. Se le entiende lo que quiere decir y en consecuencia ya puede mantener una conversación. Tiene juegos de fantasía y representación.

Las conductas problemáticas se refieren sobre todo a la agresión que en un momento dado puede presentar en la escuela hacia otros niños; a las dificultades en la socialización ya que tiene que aprender a relacionarse con otros pequeños y a los problemas de respeto a las reglas fuera de su hogar. En esta época descubre que existen diversas formas aceptables de comportarse de acuerdo con el lugar en el que se encuentra, por ejemplo, en la escuela se tiene que portar de una cierta manera o en casa de los abuelos no se permiten cosas que sí hace en casa.

Puede comer solo, ponerse prendas sencillas, relacionarse con otros niños, ir de visita o a una fiesta y saber cómo debe portarse; copiar un círculo y una cruz, hacer una torre de seis cubos y un trenecito y dibujar una figura humana con cabeza y dos líneas que son las piernas.

Entre los 5 y 6 años

En cuanto a seguridad y predictibilidad la escuela y la casa necesitan ser estables y no debe haber grandes diferencias de opinión entre las personas encargadas de la educación del niño; los padres o encargados del cuidado del niño deben estar de acuerdo en los objetivos, valores y límites. Lo mismo debe suceder entre la casa y la escuela porque si el niño va a una institución educativa donde se enseñan valores y costumbres que no tienen nada que ver con los de su hogar se va a sentir muy confundido.

Se espera que ya tenga las habilidades para que pueda aprender a leer y a escribir. Ya come y se viste solo, tiene un horario para dormir y todavía presenta juegos de fantasía y representación (desde los cuatro años).

Una conducta problemática es el miedo a separarse de mamá debido a que pasa más tiempo en la escuela y es más consciente de los peligros del mundo que le rodea. Es cuando las dificultades de coordinación y para poner atención se hacen evidentes.

A esta edad es capaz de ayudar en las tareas de la casa, recoge su ropa, hace su cama si nada más tiene que jalar la colchoneta, pone en orden sus cosas, se baña con supervisión y tiene cierto orden con sus útiles escolares.

Tabla de desarrollo de los 0 a los 6 años

Edad	Necesidades de seguridad y predictibilidad	Habilidades esperadas	Conductas problemáticas de la edad	Tareas que le podemos pedir de acuerdo con su edad
0 a 36 Semanas	☙ Necesita una persona constante y rutinas predecibles ☙ Requiere la satisfacción de necesidades básicas a través de la calidez y contacto físico así como obtener respuesta a sus llamadas de atención	☙ Desarrollo de habilidades psicomotoras básicas: • Se sienta con apoyo (4 meses) • Se sienta solo (6 meses) • Se arrastra (7 meses) • Se levanta apoyándose en un mueble (8 meses) • Camina cuando le damos la mano (9 meses) • Sostiene una taza con las dos manos (9 meses) ☙ Responde a la sonrisa de las personas que lo rodean (3 ó 4 meses)	☙ Establecimiento de hábitos de sueño y comida ☙ Desarrollo de Muestra malestar al separarse de la persona que lo cuida (8 meses-18 meses)	

Tabla de desarrollo de los 0 a los 6 años (*continuación*)

Edad	Necesidades de seguridad y predictibilidad	Habilidades esperadas	Conductas problemáticas de la edad	Tareas que le podemos pedir de acuerdo con su edad
9 a 12 meses	⬤ Requiere de la misma atención que en la etapa anterior	• Se para solo (11 meses) • Empieza a caminar (12 meses) • Empieza a decir palabras aisladas (10-11 meses) • Empieza a comer solo con las manos (9 meses) • Se muestra ansioso al separarse de las personas que conoce o que lo cuidan		
12 a 18 meses	⬤ Requiere de flexibilidad para conocer su ambiente y de límites firmes ante situaciones peligrosas	⬤ Camina solo ⬤ Dice varias palabras aisladas. ⬤ Continúa presentando ansiedad al separarse de las personas conocidas	⬤ Conductas inadecuadas para llamar la atención que lo pueden poner en situaciones de peligro	

Tabla de desarrollo de los 0 a los 6 años (continuación)

Edad	Necesidades de seguridad y predictibilidad	Habilidades esperadas	Conductas problemáticas de la edad	Tareas que le podemos pedir de acuerdo con su edad
		⊛ Tiene gran curiosidad por explorar los objetos que lo rodean ⊛ Busca la aprobación de las personas a su alrededor	⊛ Dificultad para establecer el horario y lugar de sueño	
18 a 24 meses	⊛ Requiere de un ambiente sin peligros para poder explorarlo	⊛ Dice frases cortas ⊛ Puede correr ⊛ Realiza juegos de imitación ⊛ Inicia la autoafirmación ⊛ Inicio del control de esfínteres	⊛ Berrinches ⊛ Conductas oposicionistas ⊛ Quiere hacer las cosas solo, cuando aún no tiene las habilidades necesarias ⊛ Teme separarse de las personas conocidas	⊛ Recoger juguetes grandes ⊛ Comer algunas cosas utilizando una cuchara

Tabla de desarrollo de los 0 a los 6 años (continuación)

Edad	Necesidades de seguridad y predictibilidad	Habilidades esperadas	Conductas problemáticas de la edad	Tareas que le podemos pedir de acuerdo con su edad
2 y 3 años	⊜ Necesita que su ambiente sea predecible en cuanto a rutinas tanto en la casa como en la escuela o guardería ⊜ Es necesario informarle sobre su rutina y los cambios que pueda haber en ella	⊜ El lenguaje se desarrolla rápidamente (de los 2 a los 4 años) ⊜ Su juego es de imitación y coordinado con otros niños ⊜ Ya se reconoce como persona separada de los otros ⊜ Confunde la realidad y la fantasía (de los 2 a los 6 años) ⊜ Piensa que es el centro de lo que sucede ⊜ Muestra interés por otros niños	⊜ Establecimiento del control de esfínteres ⊜ Berrinches ⊜ Terrores nocturnos (llanto en las noches sin una causa aparente y sin que se despierte) ⊜ Ansiedad al separarse de las personas de su casa	⊜ Comunicar lo que necesita ⊜ Ponerse la ropa aunque todavía no lo haga bien ⊜ Quitarse los zapatos y algunas prendas para desvestirse ⊜ Poner las servilletas en la mesa

Tabla de desarrollo de los 0 a los 6 años (*continuación*)

Edad	Necesidades de seguridad y predictibilidad	Habilidades esperadas	Conductas problemáticas de la edad	Tareas que le podemos pedir de acuerdo con su edad
A los 4 años	⊕ Necesita una persona que lo acompañe y observe sus progresos y estimule sus logros	⊕ El control de esfínteres ya se ha establecido ⊕ El lenguaje es fluido y comprensible ⊕ Comprende el lenguaje de los adultos ⊕ Empieza a darse cuenta de sus habilidades y limitaciones ⊕ Desarrolla habilidades de socialización	⊕ Puede mostrar conductas agresivas hacia sus compañeros ⊕ Puede presentar dificultad en la aceptación de reglas	⊕ Comer solo ⊕ Ponerse prendas sencillas ⊕ Dibujar una figura humana incipiente
5 y 6 años	⊕ Es importante que la casa y la escuela sean estables y que no haya grandes discrepancias entre las reglas y formas de educación por	⊕ Ya puede empezar a aprender algunas letras y números como principio de la lectoescritura. ⊕ Ya come y se viste solo. ⊕ Ya tiene un horario para dormir	⊕ Miedo a separarse de la mamá para ir a la escuela ⊕ En caso de existir dificultades en la atención, coordinación	⊕ Puede ayudar en algunas tareas de la casa como poner la mesa, poner en orden sus juguetes ⊕ Se puede bañar y arreglar solo

Tabla de desarrollo de los 0 a los 6 años (continuación)

Edad	Necesidades de seguridad y predictibilidad	Habilidades esperadas	Conductas problemáticas de la edad	Tareas que le podemos pedir de acuerdo con su edad
	parte de las personas encargadas del niño ⊛ Necesita un ambiente donde se le muestre afecto, respeto, aceptación y se le marquen límites	⊛ Hace juegos de fantasía y representación solo o con otros niños	viso-motora o aprendizaje se hacen evidentes en la escuela	

Material elaborado por: Ester Murow Troice y Ma. Angélica Verduzco A.I.
*Las edades en las que se esperan las conductas únicamente son para ofrecer un parámetro de referencia. Todos los niños pueden presentar variaciones en su desarrollo. Si la conducta tarda en desarrollarse, es conveniente consultar a un especialista.

Objetivos de la educación de los niños

Sobre la educación de los hijos pensamos e incluso discutimos mucho, pero pocas veces nos tomamos el tiempo para definir claramente nuestros objetivos y para revisarlos a medida que pasa el tiempo y que los niños van creciendo.

Plantear objetivos claros y precisos nos ayuda a saber y definir lo que queremos obtener como resultado de la educación en casa, a tener más seguridad en lo que estamos haciendo para educar y a no actuar meramente al azar o de acuerdo a las presiones y expectativas de otras personas que esperan o desean que los niños se comporten de una manera determinada. Es tener una finalidad en la educación y la posibilidad de plantearnos un camino para llegar a ella.

Para lograr objetivos a corto y a largo plazo es necesario:

- Saber qué es lo que queremos alcanzar
- Ponerlo de una manera afirmativa, nunca negativa
- Saber en cuánto tiempo lo podemos lograr (de acuerdo con el desarrollo y las características del niño)
- Poner en orden de importancia lo que queremos
- Plantearnos la forma o formas como lo podemos hacer

Las expectativas

Los objetivos están muy ligados a las expectativas. Con frecuencia al preguntar a los padres cómo quieren que sean sus hijos responden: que sea independiente, feliz, creativo, con iniciativa, e inteligente. Y al preguntarles qué edad tendría la persona que están describiendo casi siempre se dan cuenta de que la persona a la que se refieren es un adulto. Las expectativas sobre nuestros pequeños deben ser realistas en cuanto a lo que pueden lograr según su etapa de desarrollo y sus características individuales.

En el caso de los niños, no es raro caer erróneamente en exigencias extremas: queremos que se comporten como adultos o justificamos que tengan comportamientos demasiado inmaduros diciendo que aún son pequeños.

Es muy importante tener expectativas porque éstas obligan a las personas a hacer un esfuerzo para lograr que se cumplan; pero si no son realistas van a ejercer presiones excesivas que mantendrán al niño en constante estrés, y le darán una sensación de ineficiencia que a la larga le hará daño porque no tiene manera de lograr lo que se espera de él debido a sus propias características.

Debemos dar tiempo para que se cumplan nuestras expectativas porque los niños tardan en madurar. En los últimos años éstas han aumentado hasta el punto de saturar a los niños de necesidades que no están en función de ellos sino del medio, donde sus logros son una forma de que los padres prueben que son eficientes y no toman en cuenta las necesidades de los pequeños. Lo importante es encontrar el punto medio entre dar al pequeño la estimulación y las oportunidades para desarrollar su talento y sus habilidades sin caer en la demanda excesiva para lograr habilidades especiales en un campo que requiere de muchos años de dedicación.

Aun los niños con mucha facilidad para el arte o para la ciencia necesitan desarrollar sus aptitudes y practicar mucho.

Cuando queremos ver resultados en sus primeros años de vida ejercemos demasiada presión. Los pequeños tienen una gran capacidad para aprender, pero la debemos aprovechar sin cargarlos demasiado con lo que esperamos de ellos.

Todos poseen habilidades que pueden desarrollar pero no necesariamente deben sobresalir. Lo importante es destacar en lo que cada uno tiene de especial, aun los que tienen algún defecto físico pueden tener una bonita sonrisa o algo que los caracterice. Si apoyamos sus cualidades los ayudamos a tener una buena autoestima.

Cuando no hay expectativas

El otro extremo es no tener expectativas, este es el equivalente a darse por vencido o a no tener interés en el pequeño. Los niños con padres que no esperan nada de ellos crecen con la sensación de no ser lo suficientemente importantes para los padres además de que sus logros parecen no ser importantes.

Ejercicios

• Responda a las siguientes preguntas

¿Cuáles son sus objetivos generales en la educación de sus hijos?

_____

_____

_____

_____

¿Qué objetivos tiene para sus hijos en esta etapa de desarrollo?

_____

_____

_____

¿Qué objetivos puede definir para los próximos dos años?

_____

_____

_____

¿Qué objetivos puede definir para los próximos cinco años?

_____

_____

_____

Describa su imagen del padre o madre ideal.

_____

_____

_____

_____

Describa su imagen de hijo ideal.

_____

_____

_____

¿Qué edad podría tener el hijo ideal que describió?

_____

_____

_____

Adecuación del ambiente

Proporcionar al niño un ambiente adecuado quiere decir brindarle un entorno físico donde disponga de lo necesario para desarrollarse y pueda establecer hábitos. Tiene que estar en relación con la edad y necesidades del menor. Incluye:

- El espacio físico
- La rutina en la casa y fuera de ella
- El entorno emocional
- El espacio físico

El espacio físico en el que se desarrolla el niño debe:

Ser seguro

Los niños necesitan áreas suficientemente seguras donde puedan explorar, moverse y jugar sin peligro. Mientras más pequeños son, les tenemos que poner más atención a este aspecto. Un ejemplo de esto es un lugar donde no puedan caerse de las escaleras, meter los dedos en contactos, donde puedan tomar objetos sin que les caigan otros encima y no haya cosas con las que se lastimen, como tijeras o clavos salidos. Cuando dentro de la casa no hay suficiente espacio para sus actividades sin que estén sobre los adultos, es importante buscarles momentos en los que puedan salir a correr y jugar en espacios abiertos, como el parque o el patio sin olvidar, sobre todo, que deben ser seguros.

Brindar objetos básicos para desarrollar sus habilidades

Si bien no es posible modificar toda la casa para el niño, es importante que tenga algunos objetos que lo apoyen para adquirir algunas habilidades básicas, tales como un vaso pequeño, una cucharita o una silla que le permita alcanzar la mesa. Esto le ayudará a tener más dominio sobre su medio ambiente y por lo tanto, a aprender rápidamente.

Por otra parte, tampoco es conveniente convertir el hogar en un lugar donde únicamente se toman en cuenta las necesidades del niño, ya que esto tampoco le permitirá ir aprendiendo a adaptarse a diferentes medios.

Ser estimulante y divertido

Para que un niño se divierta no es necesario que tenga juguetes elaborados ya que tiene la capacidad de inventar juegos interesantes con cosas muy simples, pero sí es importante que cuente con algunos materiales esenciales.

En su lugar de esparcimiento necesita encontrar suficientes objetos con los que se divierta y aprenda, invente juegos y elija lo que más le guste, como por ejemplo papel, crayones, lápices, pegamento, una vasija con agua, tijeras sin punta, títeres, muñecos, carritos, palitos y plastilina. Incluso puede tener burbujas de jabón, pinturas de dedos o masa para jugar.

Es conveniente agregar materiales nuevos constantemente, aunque sean muy sencillos, porque los niños tienden a aburrirse rápidamente y buscan nuevas experiencias.

Tener suficiente material

Para que comparta con los niños con los que convive, hermanos, primos o compañeros y no espere demasiado a que los demás terminen o tenga que ceder contantemente ante la presión de los otros.

La rutina

Se desarrolla a partir de las necesidades de la familia. Para que el niño aprenda hábitos estos deben estar apoyados por la rutina de la casa. Por ejemplo, para poder exigir que coma a una hora determinada, los alimentos deberán estar listos, o para que duerma en un mismo horario es necesario estar todos los días a tiempo; es imposible que lo haga si no estamos poco antes de esa hora en casa, si a veces los padres llegan más tarde de trabajar o en ocasiones los niños tienen que dormir en otro lugar. Entonces, por más que tratemos de establecer el hábito del sueño será muy difícil hacerlo porque no está apoyado por una rutina. Por lo tanto, es necesario conocer y/o establecer rutinas familiares para poder enseñar hábitos de alimentación, sueño, control de esfínteres y limpieza, entre otros.

Para establecer una rutina es importante dedicar tiempo a solucionar y prevenir circunstancias o problemas de la vida diaria. Por ejemplo, si todas las mañanas corremos para salir a tiempo a la escuela o el trabajo, la tensión puede desaparecer si nos levantamos más temprano y contamos con diez minutos extras, porque entonces hacemos toda la rutina matutina con mucha más tranquilidad y son evitadas las fricciones en la familia.

El entorno emocional

La rutina le permite al niño sentirse seguro porque hace que su medio sea predecible y constante. Además de sentirse seguro, el pequeño necesita sentirse querido, aceptado y respetado; tener un ambiente donde no sea humillado, avergonzado, ridiculizado o se abuse de él física o emocionalmente; donde sus ideas e iniciativas sean escuchadas y sus logros reconocidos o estimulados.

El apoyo emocional que reciba en los primeros años va a ser determinante para su autoestima, desarrollo personal y seguridad.

Finalmente volvemos a insistir que el ambiente debe adecuarse a la edad del niño y a sus necesidades específicas de desarrollo, ya que no es lo mismo tener en casa un pequeño de dieciocho meses que uno de edad escolar o un adolescente.

¿Cómo podemos ayudarle a nuestro hijo a manejar sus emociones?

Cuando los niños son pequeños no saben cómo manejar sus emociones, para que aprendan a hacerlo sugerimos que los adultos acepten los sentimientos del niño y le enseñen a identificarlos y expresarlos.

Para ayudarle al niño a manejar sus sentimientos:

El niño puede...

- Hacer un dibujo de cómo se siente.
- Hablar de sus sentimientos en vez de actuarlos; esto lo logra poco a poco y es más fácil a partir de los cinco años. Antes de esta edad es difícil que ponga en palabras lo que siente, algunos incluso lo logran después.
- Dirigir la expresión de sentimientos hacia una conducta aceptable. Los padres pueden mostrarle cómo hacerlo diciendo por ejemplo "si estás enojado no puedes pegarle a tu hermano, pero sí golpear la almohada en tu recámara".
- Tomar un tiempo para calmarse ayudado por los adultos.

Para dar alternativas de comportamiento al niño es necesario:

1. Decirle lo que sí queremos

Decir lo que queremos en lugar de lo que no deseamos le ayuda a saber lo que esperamos exactamente de él: "quiero que dejes recogido el cuarto, con la ropa en el armario y los juguetes en su caja".

2. Decir que sí pero sólo si cumple alguna condición

En este caso no le negamos algo pero lo condicionamos: "puedes salir a jugar después de hacer tu tarea".

3. Utilizar preguntas o afirmaciones

Esto funciona sobre todo si hay varias personas en un grupo y no queremos señalar a alguien en particular: "¿quién va a tirar la basura?", "¿quién me va ayudar a recoger la mesa?".

4. Proponer una tarea y que decida el momento de hacerla

Si le pedimos que haga algo pero le damos la opción de escoger el momento de realizarlo, tendrá el poder de decidir y le será más fácil asumirlo: "puedes lavarte los dientes antes (o después) de ponerte la pijama".

5. Dar alternativas

Ésta es otra forma de darle opciones para que decida y tome la responsabilidad de sus determinaciones. Le podemos hacer preguntas como "¿dejas de pelear o te vas a tu cuarto?", "¿tomas jugo o leche?". Otra forma de presentar alternativas es: "puedes pegarle a tu muñeco, pero no jalarle la cola al perro".

6. Utilizar símbolos

Hacer un dibujo para que de manera gráfica vea lo que puede o no hacer es una posibilidad útil antes de que pueda leer.

7. Platicar

Mantener la comunicación abierta es de mucha utilidad, sobre todo en reuniones familiares en donde definamos claramente cuáles son los límites.

Ejercicio 1

Responda a las siguientes preguntas:

Ambiente físico

	Sí	No
¿Las áreas donde circula el niño son seguras?	☐	☐
¿Tiene espacio suficiente para organizar sus cosas?	☐	☐
¿Tiene espacio suficiente para poder jugar?	☐	☐
¿Tiene materiales para poder realizar juegos adecuados para su edad?	☐	☐

	Sí	No
¿Tiene que compartir sus juguetes y esto le ocasiona problemas?	☐	☐
¿Tiene espacio para realizar actividades de su edad?	☐	☐

Rutinas

¿Generalmente las actividades del día son predecibles? ☐ ☐

¿Las actividades diarias permiten el desarrollo de los hábitos de:

Alimentación	☐	☐
Sueño	☐	☐
Control de esfínteres	☐	☐
Limpieza	☐	☐
Orden	☐	☐

¿Mis actividades interfieren en el desarrollo de los hábitos de mi hijo?

Los personales	☐	☐
Los de trabajo	☐	☐
Los sociales	☐	☐

Entorno emocional

¿Pongo atención a mi hijo cuando me habla?	☐	☐
¿Respeto sus ideas?	☐	☐
¿Lo critico?	☐	☐
¿Levanto la voz para que me haga caso?	☐	☐

	Sí	No
¿Lo regaño enfrente de otras personas?	☐	☐
¿Lo ridiculizo por sus sentimientos?	☐	☐

Ejercicio 2

Escriba de manera afirmativa lo que usted quiere.
¿Cómo podría cambiar el no?

No subas los pies al sillón _____

No juegues aquí _____

No hagas ruido con la cuchara _____

No le pegues a tu hermano _____

¿Cómo podría decir que sí pero sólo después de que el niño cumpla alguna condición?

Puedes salir si _____

Puedes ir a comer a casa de tu amigo si _____

Te acompaño a dormir si _____

¿Cómo podría utilizar preguntas o afirmaciones?

Se necesita tirar la basura _____

Quiero que alguien me ayude _____

Quiero voluntarios para hacer la comida _____

¿Cómo podría proponer una tarea de tal modo que el niño pueda escoger el momento de hacerla?

Lavarse los dientes _____

Bañarse _____

Poner los alimentos en su lonchera _____

Proponga dos alternativas de elección si el niño...

...está desordenando la casa _____

...llora porque no quiere ir al doctor _____

...no quiere hacer la tarea _____

Formación de hábitos

Un hábito es una acción que hacemos por costumbre y es el resultado del aprendizaje o la práctica. Constantemente formamos hábitos, ya sean positivos o negativos. Para hacerlo tenemos que ser constantes y repetir una y otra vez la misma actividad con los niños hasta que esa conducta forme parte de su rutina diaria.

Ésta es gran parte de la labor de la educación. El trabajo que invirtamos en establecer costumbres positivas en los primeros años de vida resultará en un menor esfuerzo para hacer las tareas cotidianas y en una mejor estructura en la vida diaria del niño. Si él tiene los hábitos básicos podrá invertir más energía en actividades creativas, de aprendizaje y juego.

Los principales hábitos a formar son los de alimentación, sueño, control de esfínteres, limpieza y urbanidad.

Para instaurarlos uno de los requisitos indispensables es ser constantes, porque de esta manera el niño se va acostumbrando a ciertos procedimientos que le dan estructura, seguridad y predictibilidad. Una vez que se han constituido como tales, ya no batallamos con conductas básicas.

¿Cómo podemos establecer hábitos?

- Debemos tener claro el hábito que deseamos instituir.
- Evaluar si es el momento adecuado en el desarrollo del niño (ver capítulo sobre desarrollo infantil).

- Definir una estrategia para lograr lo que deseamos.
- Implementar la estrategia siendo constantes y teniendo en cuenta las necesidades del niño.
- Necesitamos tener paciencia ya que en ocasiones la adquisición de hábitos lleva tiempo y un gran esfuerzo. Si no somos constantes, no lo lograremos.
- En caso de no lograrlo podemos esperar o intentar de nuevo. Los padres deben tener en mente que es posible fallar y equivocarse y que pueden intentar tantas veces como sea necesario.

Mientras más pequeños son los niños es más fácil establecer los hábitos básicos.

Comida

Ésta es una de las principales fuentes de preocupación de los padres debido a que desean que sus niños crezcan lo mejor posible. Cuando existe esta inquietud, rara vez veremos a un niño desnutrido porque los padres hacen todo lo que está a su alcance para que crezca sano.

Las dificultades alrededor de la comida son de dos tipos, las que se refieren a la alimentación en sí y las que se relacionan con los hábitos de la hora de comer, como son sentarse a la mesa, hacerlo con buena disposición y buenos modales.

En lo que se refiere a la alimentación en sí, lo que necesita el niño es tener una dieta balanceada de acuerdo a su edad y que, aunque coma poco, satisfaga sus necesidades de nutrición, para lo cual es necesario que los alimentos disponibles sean variados.

Al igual que en otras situaciones, las necesidades de los padres no necesariamente coinciden con las de sus hijos, estos últimos siguen sus propios patrones. En ocasiones dejan de comer y luego les da mucha hambre, otras veces no se alimentan porque están interesados en el juego y prefieren seguir con él.

El mejor parámetro para saber si un niño está bien nutrido o lo que come es suficiente es la tabla del pediatra de la relación entre el peso y la talla, la cual nos dará la tranquilidad de ver que el niño se desarrolla sin problema.

Desde pequeño le podemos enseñar cuáles son los grupos de alimentos y qué cantidad de ellos requiere cada día para que aprenda a balancear su régimen. Esto es útil porque es inevitable que en ocasiones, sobre todo cuando está en edad escolar, coma comida chatarra. Tener conocimiento le ayudará a balancear su alimentación.

Algunas soluciones a las dificultades relacionadas con las comida pueden ser:

Las comidas deben:

• Ser simples y permitir elecciones dentro de un balance.
• Proporcionar la mayor parte de las sustancias nutritivas en el primer plato por si el niño ya no desea comer más.
• Dar alimentos de fácil manipulación y que se puedan comer en poco tiempo porque a los niños no les gusta estar sentados.
• Ser de porciones pequeñas en el plato o vaso, si el niño se las termina y quiere más puede servirse otro poco.

Los hábitos relacionados con la hora de la comida

La hora de la comida, además de servir para nutrir al niño, constituye un momento muy valioso de convivencia, primero entre la madre y su hijo y después con la familia.

Ésta debería ser un lapso de bienestar y buena relación que puede ir desde la preparación de los alimentos, en donde todos pueden participar, hasta la sobremesa. Si el niño se involucra en estas actividades su interés por la alimentación aumentará.

A partir de los dos años un pequeño puede colaborar con su mamá alcanzando o lavando algo o ayudando a poner cosas en la mesa, por ejemplo las servilletas o el salero; cuando sea un poco mayor será capaz de preparar su almuerzo para la escuela. Debemos adaptar las reglas durante la hora de la comida a la edad de los niños, ya que mientras más pequeños son menos tiempo pueden permanecer en la mesa. A medida que los niños crecen éstas pueden cambiar.

Para el niño la comida constituye un terreno en el que va mostrando cada vez más su independencia. Empieza recibiendo los alimentos pasivamente y poco a poco los manipula, juega con ellos. Este acto tan sencillo puede ser un momento agradable o el inicio de una interminable guerra con su mamá ya que, al darse cuenta de la importancia que la comida tiene para ella, puede llegar a utilizarla como una forma de control y de hacerla sentir mal. No es raro que los pequeños que han tenido madres que se preocupan demasiado por la comida lleguen a tener dificultades en esta área cuando crecen.

No les podemos pedir a los niños que les guste comer si el ambiente en relación con la comida no es adecuado.

Sueño

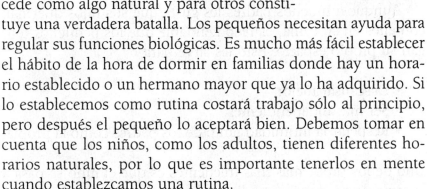

La hora de acostarse

Para algunos niños la hora de acostarse sucede como algo natural y para otros constituye una verdadera batalla. Los pequeños necesitan ayuda para regular sus funciones biológicas. Es mucho más fácil establecer el hábito de la hora de dormir en familias donde hay un horario establecido o un hermano mayor que ya lo ha adquirido. Si lo establecemos como rutina costará trabajo sólo al principio, pero después el pequeño lo aceptará bien. Debemos tomar en cuenta que los niños, como los adultos, tienen diferentes horarios naturales, por lo que es importante tenerlos en mente cuando establezcamos una rutina.

Para establecer la hora de dormir tenemos que realizar una dinámica que empiece un tiempo antes de acostarse, y que dirija todas las acciones para lograr que el niño duerma.

Éste es un ejemplo de cómo pasar de la actividad al sueño:

- Pasar de una actividad agitada a una más tranquila, por ejemplo del juego al baño (donde puede seguir jugando)
- Ponerse la pijama
- Cenar
- Irse a acostar
- Contarle un cuento
- Apagar la luz

La hora de dormir puede ser otro de los momentos de convivencia en el que platiquemos con el niño sobre sus actividades, conozcamos sus ideas e inquietudes, lo ayudemos en sus problemas y le mostremos afecto.

Él tratará de prolongar este momento lo más posible porque le encanta escuchar historias y estar con lo adultos. Utilizará todos los recursos a su alcance para no dormirse, como pedir un vaso de agua. Este es el momento de establecer un límite y dejarlo descansar. Si él logra alargar este tiempo cada vez será más difícil que establezcamos la rutina.

Aunque a muchos padres les gusta que sus hijos duerman con ellos en su cama, es recomendable que los pequeños tengan su propio espacio. Esto les sirve para:

• Descansar mejor.
• Ser más independientes.
• Respetar la intimidad tanto de los padres como la propia.

Uno de los problemas más frecuentes es que el niño se pasa a la cama de sus papás a media noche o que no quiere dormir en la suya. En estos casos lo primero que necesita es un espacio agradable en el que quiera dormir. Los padres nunca deben invitarlo a su cama, aunque esto sea muy cómodo para ambos. Si llega a media noche, los papás tendrán que acompañarlo a su habitación y esperar a que se duerma tantas veces como sea necesario.

Ésta es una de las situaciones más difíciles de resolver ya que los papás por lo regular están muy cansados y les es pesado levantarse a media noche para llevar al niño a su dormitorio.

Mientras más tiempo pasa, cuesta más trabajo que el niño quiera dormir en su cama, por lo que los adultos deben ser muy firmes en el propósito de que el niño duerma en un lugar propio. En el momento en que estén decididos a lograrlo él lo aceptará.

Posiblemente la única excepción es cuando el pequeño está enfermo y es más conveniente tenerlo cerca para estar seguros de que se encuentra bien. Después de este episodio costará trabajo regresar a la rutina pero lo que hay que volver a empezar.

Factores ambientales que pueden afectar la hora de dormir

Luz. Los ciclos de sueño están determinados por la luz, entre menos iluminación haya a la hora de acostarse, le será más fácil al niño conciliar el sueño. Si le teme a la oscuridad recomendamos dejar una luz pequeña hasta que se haya dormido.

Ruido. Mientras menos ruido haya le será más fácil dormirse.

Calor. Si hay demasiado calor hay que asegurarse de que esté lo suficientemente fresco.

Frío. Si hace frío es mejor verificar que esté abrigado con ropa cómoda. Muchos niños se destapan, por lo que dormirlos con un suéter o ropa abrigada evita que se enfermen.

Juguetes. Alrededor de los dos años buscará su juguete favorito, una mantita o alguna almohada para sentirse seguro. Es muy importante respetarle sus preferencias y dejarlas con él, aun cuando ya se encuentren un poco deterioradas o necesiten lavarse.

Control de esfínteres

El control de esfínteres es un logro del desarrollo que el niño alcanza sólo cuando tiene la madurez necesaria. Lo primero que debe hacerse es tener paciencia, ya que es un proceso que lleva tiempo y esfuerzo, que no se acelera si presionamos al pequeño y en cambio puede resultar muy decepcionante para él y los padres.

Para lograr el control de esfínteres el niño debe

- Tener la madurez neurológica para controlarse y reconocer la sensación de que quiere orinar o defecar.
- Saber hablar lo suficiente para comunicar que quiere ir al baño.
- Saber caminar para ir al baño.
- Mostrar cierta curiosidad acerca de las actividades de ir al baño.

En relación con el tema de control de esfínteres no faltan opiniones de cómo tenemos que entrenar al niño o a qué edad debe hacerlo. El proceso no debe empezar si el menor no tiene las características arriba mencionadas. Aunque la presión social sea mucha, sólo los padres saben qué le funciona a su hijo. Cuando los pequeños van a alguna guardería o centro de desarrollo, el control de esfínteres muchas veces inicia antes de lo que se haría en casa. En esos casos es importante que los padres y la institución lleguen a un acuerdo en cuanto a los procedimientos a seguir. Si observamos que el niño está demasiado presionado o ansioso, podemos pedir que se flexibilice el entrenamiento hasta que esté listo.

Necesitamos hacer un esfuerzo para cubrir las emergencias sin culpar, regañar o castigar. Entre más grande sea el niño más podrá ayudar a cambiarse, e incluso lo hará él solo cuando le sucedan accidentes. Siempre piense que él no quiere molestar, sólo necesita tiempo para aprender a conocer su cuerpo.

Una buena edad para comenzar este entrenamiento es alrededor de los veinticuatro meses, y podemos esperar incluso hasta que haya cumplido los treinta.

El control de la emisión de orina

Se logra en el día antes que de noche y puede suceder cuando empieza a percibir sus ganas de hacer pipí pero todavía no se contiene. Después pedirá que lo lleven al baño aunque ya se haya orinado y posteriormente avisará con anticipación.

El niño necesita practicar. No es raro que aunque empiece a tener control tenga accidentes que cada vez van a ser menos frecuentes.

En la noche el control se logrará alrededor de seis meses después de empezado el proceso (recuerde que siempre hay diferencias entre los niños).

Control intestinal

También es un proceso que se va dando paulatinamente. Primero podemos sentar al niño en la bacinica, para que manipule algún juguete hasta que aprenda a reconocer la relación entre su necesidad de ir al baño y el lugar donde lo tiene que hacer. Eventualmente tendrá que sentarse en el escusado, cuando llegue el momento. Es recomendable tener en cuenta que en esta etapa tiene muchos miedos, como caerse adentro de la taza del baño o que salgan cosas de ella, pero si le damos suficiente seguridad será mucho menos difícil para el pequeño.

Ideas equivocadas sobre el control de esfínteres

Si empiezo pronto va a controlar más rápido. Como mencionamos, el control de esfínteres sigue un proceso de maduración, si el niño no lo ha alcanzado no lo podrá lograr. El empezar antes solamente desespera a los adultos porque el entrenamiento dura más tiempo y el pequeño también se ve sometido a presiones inadecuadas.

Si le vuelvo a poner el pañal no va a controlar. A veces empezamos el control tan temprano que el niño no logra adquirirlo. Si volvemos a poner el pañal evitaremos presionarlo por un tiempo y reiniciar el proceso cuando esté realmente listo.

Si me enojo o lo castigo voy a poder hacer que controle. El enojo de los adultos o los castigos no hacen más que presionar y hacer sentir mal a los niños porque no pueden hacer nada para controlarse, entonces se preocupan más porque los adultos están enojados con ellos que por aprender a controlar sus esfínteres.

Lo que puede ayudar

Empezar el entrenamiento de control de esfínteres en vacaciones. El entrenamiento requiere continuidad y seguimiento, si empezamos en vacaciones es más fácil lograrlo. Cuando se atraviesan situaciones en las que es necesario poner y quitar el pañal no logramos terminar exitosamente el proceso. Esto lo haremos hasta que le retiremos el pañal definitivamente.

Ropa. Cuando el niño empieza a controlar todavía no tiene la suficiente destreza para manejar ropa que le cueste trabajo quitarse, porque está muy apretada o porque tiene botones. Es mejor ponerle prendas que se quite fácilmente, con resorte o broches de presión, pantaloncillos cortos y huaraches.

Baño. Es recomendable tener un baño donde el niño se sienta a gusto y seguro, en el que alcance el agua para lavarse las manos y tenga cierta privacía.

Hábitos de limpieza

La finalidad de tener hábitos de limpieza es la salud y cuidado del cuerpo. Se los tenemos que enseñar al niño desde que es pequeño y será más fácil que los adquiera si forman parte de la vida cotidiana de la casa.

Los principales son bañarse, lavarse las manos antes de comer y después de ir al baño, lavarse los dientes, peinarse y cortarse las uñas, entre otros. Para que el niño los aprenda es necesario enseñárselos y repetir las instrucciones cuantas veces sea necesario hasta que los convierta realmente en hábitos y los lleve a cabo por costumbre.

Hábitos de urbanidad

Aunque considerados como superficiales o innecesarios por muchos, estos le darán al niño las herramientas para convivir con diferentes personas. Los debe de adquirir en casa y le será más difícil aprenderlos cuando sea mayor. No es raro que los que no tienen este tipo de hábitos a veces sean rechazados por otros niños o por los adultos fuera de casa. Al igual que los anteriores, tenemos que enseñarlos sin presionar, recordarlos constantemente y señalar su importancia y función. Entre estos podemos mencionar saludar y despedirse, dar las gracias, pedir las cosas por favor y los modales para comer.

Enseñar habilidades

Como ya dijimos, a los niños les debemos enseñar todo. Una parte del aprendizaje lo hacen por imitación, pero también los tenemos que instruir en lo que deseamos que aprendan. Muchas veces nos desesperamos porque pensamos que ya deberían saber lo qué deseamos que hagan o cómo lo deben hacer, como si pudieran adivinar lo que queremos. En ocasiones damos por hecho que hay cosas que tienen que saber porque se las mostramos una vez o porque las ven constantemente. Necesitamos tener presente que para que aprendan alguna habilidad deben hacerla varias veces, que nosotros debemos recordársela cuando se les olvida, y repetirles qué deben hacer y cómo actuar tantas veces como sea necesario.

Para enseñar tenemos que:

Dedicar tiempo

Es necesario dedicar tiempo para mostrar, explicar y enseñar; y esperar a que el niño tenga oportunidad de practicar hasta que adquiera la destreza que le estamos enseñando. Por ejemplo, si queremos que el niño aprenda a vestirse le enseñamos cómo hacerlo y le damos el tiempo necesario de acuerdo a su edad. Cuando tenemos prisa nos es más fácil vestirlo porque nos ahorramos trabajo y tiempo, pero a la larga él no tendrá la habilidad, por lo que es importante tenerle paciencia e ir estimulando sus pequeños logros hasta que finalmente lo pueda hacer sin ayuda.

Ser muy claro y específico con lo que queremos que logre y en lo que le pedimos

Al niño tenemos que pedirle lo que queremos claramente. Muchas veces le señalamos todo lo que no tiene que hacer, pero rara vez nos tomamos el tiempo para decirle lo que sí debe hacer o para darle alternativas a lo que hace indebida o incorrectamente. Por ejemplo, expresamos "no juegues aquí" pero no "juega en el patio"; "no subas los pies" en lugar de "baja los pies del sillón". Siempre es conveniente explicarle por qué no puede hacer determinadas acciones que consideramos indebidas, pero la explicación debe ser breve, concreta y explícita después de haberle dado la indicación de lo que esperamos que haga.

En situaciones de peligro debemos ser muy claros y precisos. Cuando su seguridad está de por medio no nos podemos detener a darle explicaciones. Lo primero es quitarlo de la situación de peligro o inseguridad y posteriormente darle explicaciones y enseñarle cómo prevenir eventos similares en el futuro. Por ejemplo, si estamos en la cocina con objetos peligrosos, nos volteamos y el niño coge un cuchillo, primero le quitamos el cuchillo para que no se lastime, después le explicamos por qué es peligroso y finalmente le damos algo inofensivo para que se entretenga. O si está por cruzarse la calle sin cuidado, evidentemente primero lo detenemos y posteriormente le explicamos que es peligroso y cuáles son las condiciones para atravesar.

Dar oportunidades de práctica

En el proceso de aprendizaje necesita tener tantas oportunidades como sean necesarias para que aprenda sin que se sienta presionado. Debemos enseñarle una y otra vez cómo hacer las cosas. Es como cuando está aprendiendo a tomar agua de un vaso, se le puede caer el líquido muchas veces antes de que tenga la habilidad suficiente.

Ayudarle a perseverar

Los niños tienden a entusiasmarse y a frustrarse con mucha facilidad, no pueden ver las metas a largo plazo y desearían ver sus logros inmediatamente, por lo que los adultos tenemos que ayudarles a perseverar y a reconocer los pequeños avances en el camino y las ventajas de dedicarse a alguna ocupación, sobre todo si su aprendizaje lleva largo tiempo. Por ejemplo, cuando los niños son mayores y tienen actividades fuera de la escuela, algún deporte o clase especial, no es raro que a las dos semanas ya no quieran ir porque les cuesta trabajo o porque no era lo que ellos pensaban. En ese caso debemos decirles de antemano que pueden probar la nueva actividad pero que, una vez que decidan ir, tienen que permanecer en ella por lo menos un período completo, que dependiendo de lo que se trate puede ser de un trimestre o un semestre.

Tener paciencia

Educar es difícil e implica una gran responsabilidad, aunque también es muy gratificante. Una de las principales cualidades que necesitamos es paciencia para esperar que el niño vaya madurando y por lo tanto, cumpliendo los logros que corresponden a cada etapa. Aunque los frutos de la educación, del esfuerzo y la energía invertida los vemos mucho tiempo después se reciben con gran satisfacción.

Motivar

Los niños dependen mucho de la aprobación de los demás para saber si lo que están haciendo está bien o no. Es muy importante reconocerles sus logros y sobre todo sus esfuerzos. Ninguno aprende de un "qué mal lo hiciste", pero sí cuando les expresamos que lo hicieron bien con un "qué bien lo hiciste, vamos a ver si lo puedes volver a hacer", o cuando perciben la satisfacción de otros después de haber logrado algo.

Motivar no quiere decir presionar al niño para que haga algo a fuerza. No es decirle, por ejemplo, "tienes que sentarte a hacer la tarea inmediatamente" o "ya te he dicho que la hagas temprano". Necesitamos creatividad para presentarle las actividades de manera que le interesen. Hasta mucho después entiende la utilidad de lo que aprendió o de los esfuerzos que tuvo que hacer cuando eran pequeño, pero no podemos esperar a que tenga esta comprensión para desarrollar sus habilidades.

Evitar la crítica

La crítica es la mejor manera de desalentar el aprendizaje y de hacer dudar al niño de sus habilidades, al punto de llegar a paralizarlo y de desalentar cualquier intento de esfuerzo. Si por alguna razón él lograra adquirir alguna aptitud mediante el empleo de esta estrategia, el daño y el dolor que le causemos serán irreparables.

Evitar el enojo

Una de las formas de enseñanza equivocadas es enojarse por todo lo que hace mal el niño, con el efecto de que él no aprenderá lo que debe o no hacer porque su objetivo será que los adultos no se irriten, en lugar de aprender lo que le tratamos de enseñar. Al final, aunque el niño aprenda algo como consecuencia de los enojos el costo emocional será muy alto, al igual que en la crítica. Finalmente lo que le dejarán al niño es sólo una gran inseguridad y mucho miedo para empezar algo ante el temor de equivocarse.

Esto no quiere decir que en ocasiones los padres no puedan disgustarse, es válido hacerlo ya que la emoción está presente, pero ésta no es una forma de educar. A los niños los daña mucho que los adultos utilicen el enojo como forma de control.

Aprender de la experiencia

Es importante aprender de la experiencia porque las equivocaciones sirven para corregir los errores. Es válido fallar y tener oportunidades para corregir.

¿Cómo poner límites?

¿Qué son los límites?

Son como un muro o una barrera ante la cual el niño se tiene que detener, que le indica hasta dónde puede llegar. Es una forma de decirle "hasta aquí". Como dijimos al principio de este libro, los niños sin límites retan y retan hasta que les ponemos un alto porque eso es lo que buscan.

Establecemos límites de acuerdo con los objetivos, valores, las costumbres y el sentido común de cada familia. Los padres son los encargados de poner las reglas para el funcionamiento en casa y de ahí surgen.

Los esenciales y básicos son los que están en función de la seguridad y desarrollo del menor y tienen que responder a la pregunta ¿qué necesita el niño para su seguridad y para desarrollarse en esta etapa de su vida? Contestarla servirá de guía para saber cuáles son los límites que vamos a poner y cómo lo vamos a hacer. Si estos son adecuados le van a servir al pequeño para desarrollarse mejor, en cambio si son reglas para la comodidad de los adultos, para salir del paso o para que se adapte a necesidades ajenas a las suyas seguramente los va a rechazar.

¿Cómo deben ser los límites?

En los límites importa más la consistencia que la intensidad o la fuerza con que los ponemos. Muchas veces confundimos poner límites con gritar o enojarse, con mal genio. Establecerlos significa decir hasta dónde va a llegar el niño, pero hay que señalarlos muchas veces para que los aprenda, y en ocasiones incluso debemos poner una consecuencia si no los respeta. No es raro que los padres digamos "ya se lo he repetido muchas veces pero no me hace caso", habría que preguntarnos si el límite que queremos poner es importante, ha sido claro, consistente y si hemos puesto consecuencias cuando no se ha cumplido. Muy probablemente nos encontraremos con que la respuesta es negativa.

Poner límites es un trabajo constante. No basta con ponerlos una sola vez, tenemos que insistir en ellos y recordarlos todos los días de la misma manera.

Deben ir cambiando de acuerdo con la edad del niño. No es lo mismo tratar de establecer hábitos en un niño de preescolar, que poner consecuencias por no hacer la tarea a un niño de edad escolar, o reglas para la hora de llegar a un adolescente. Los límites tienen que cambiar con la etapa de desarrollo del niño y con sus necesidades, sin olvidar los objetivos de la educación que ha definido su familia.

Debemos jerarquizar su importancia. La importancia la definen los objetivos de la educación y la etapa de desarrollo, aunque la forma de reforzarlos cambia con la edad del niño. Así, los límites en preescolar son diferentes que los de otras etapas, pero existen otros que siempre son importantes, como por ejemplo los que se refieren a la seguridad o al respeto.

No tienen que ser solemnes. Podemos inventar situaciones para hacerlos más divertidos, sobre todo con los niños de preescolar.

Debemos ponerlos por anticipado. Cuando ponemos límites es indispensable saber primero cuáles vamos a poner y posteriormente cómo lo vamos a hacer. Al niño le debemos decir de antemano qué queremos y sobre todo, nunca pedirle algo que no puede cumplir.

Acciones que realizamos que parecen límites pero no lo son

Con mucha frecuencia se dice a los padres "lo que este niño necesita son límites"; a lo que responden: "¡pero si yo sí se los pongo!" Como mencionamos, los límites deben tener algunas características específicas y lo que con frecuencia hacemos, como gritar, llamar la atención o amenazar, no son sino acciones que perecieran serlo. He aquí algunas de las actitudes que con más frecuencia empleamos con los niños y que tienden a parecer límites:

Acciones de control por medio de los sentimientos

Atemorizar

Presionar por medio del miedo es una de las formas más utilizadas para controlar, por ejemplo, cuando decimos "te voy a castigar muy duro" o "vas a ver cómo te va a ir cuando llegue tu papá". El extremo es cuando le expresamos al pequeño "si no haces lo que te digo ya no te voy a querer" o "ya no te quiero por lo que hiciste". El temor más grande que tiene el niño es a perder al amor de sus padres y la amenaza de que pueda perder su cariño le deja impotente y descorazonado. Si abusamos de esto, se volverá un cínico porque no importa lo que haga, no podrá tener el amor de los adultos a menos de que se vuelva tal y como ellos lo quieren.

Culpabilizar

Hay acciones que utilizan la culpa como forma de control. Por ejemplo: "yo que te doy todo y tú no eres capaz de sacar buenas calificaciones" o "yo me mato trabajando y tú no puedes recoger tu cuarto". Éstas provocan que el niño se sienta muy mal, no hacen alusión directa a lo que debe hacer o a lo que esperamos de él y lo dejan confundido porque no sabe si debe ocuparse de modificar sus acciones o de cambiar los sentimientos de sus padres. Con el tiempo, estos niños ya no hacen caso y parecen insensibles y repelentes a lo que les decimos, o cargan sobre ellos un gran remordimiento por el daño que creen que causaron a los demás.

Avergonzar

También es un recurso muy socorrido. Se refiere a dudar y poner en ridículo alguna característica propia del niño que evidentemente no puede cambiar. Es criticar su esencia, quien realmente es. La vergüenza le causa un dolor muy profundo, al mismo tiempo le produce desesperanza porque no puede modificar su esencia y rabia porque no lo aceptamos. Un ejemplo es cuando le decimos: "¡fíjate nada más!, ¿qué van a decir las personas si te ven con esos zapatos sucios?" o "¡pareces payasito con esa ropa!, ¿qué va a decir la gente?" o "¡qué ridículo eres!". La vergüenza deja huellas profundas en la autoimagen y en la autoestima del niño hasta la edad adulta.

Rechazar

Anteriormente hablamos de la aceptación incondicional del niño por quién es y no por lo que hace. Rechazarlo es no aceptarlo por quién es, porque tiene características que no nos gustan a los adultos o porque hace cosas que no nos parecen. La mayor parte de las veces, el rechazo que los padres sienten hacia sus hijos es inconsciente, pero se manifiesta en conductas y actitudes hacia ellos. Si un pequeño después de hacer algo indebido le pregunta a sus padres: "¿me quieres?", la respuesta debería ser: "sí te quiero, pero no me gusta lo que hiciste", o "sí te quiero, pero estoy muy enojado por lo que hiciste. Espérate a que se me pase el enojo y hablamos".

Acciones que expresan deseos

Me gustaría o deberías

A veces les pedimos a los niños que hagan algo diciendo "me gustaría que..." o "como quisiera que..." Con estas expresiones solamente externamos un deseo que queremos que el niño cumpla. Es lo que quisiéramos, pero no hacemos alusión directa a lo que esperamos de él, entonces puede entender esto como "claro que a mi mamá le gustaría pero a mi no..."

Al emplear los adultos este método generalmente no se refieren explícitamente al límite y por lo mismo los niños ignoran esta regla o la prueban para ver hasta dónde pueden llegar. "Me gustaría que te quedaras sentado mientras comes" no es un límite sino un deseo y los deseos a veces se cumplen y a veces no. El peligro es que si abusamos del "me gustaría" los niños se van a preocupar demasiado por complacer a los demás. Probablemente cuando sean adultos serán muy sumisos, tendrán poca confianza en sí mismos y una pobre autoestima.

Acciones para recordar

Repetir órdenes

Es frecuente que digamos las mismas órdenes innumerables veces. Al hacerlo pensamos que estamos poniendo un límite y que los niños van a respetarlo si insistimos mucho. Si nos dedicamos a reiterar órdenes, llega un momento en que los pequeños ya no escuchan lo que les estamos diciendo y no hacen caso a las palabras que no están apoyadas en acciones. Si no hay un acto que siga al recordatorio las palabras se quedan en el aire. Da lo mismo si las repetimos o no, de todas maneras los niños hacen caso omiso de lo que les recordamos. Evidentemente para los adultos esto es muy frustrante y desgastante, pero si definimos un límite claramente las palabras son suficientes para que el niño actúe como esperamos. Por otro lado, no es raro que le demos una instrucción y actúe de manera diferente. Por ejemplo, cuando la mamá dice "ya vengan a comer" y lo hace muchas veces sin que sus hijos le hagan caso, la comida se enfría y ella cada vez se enoja más. "Se va a enfriar. Ya no la voy a volver a calentar" grita, y sus hijos no interrumpen su juego. Si ella no lleva a cabo alguna acción que apoye lo que dijo, como ir por los niños y suspender el juego o no volver a calentar la comida como lo prometió, es muy probable que siga una y otra vez con sus palabras y que no le hagan caso.

Cuando estamos enseñando hábitos y nuevas conductas es necesario recordar y repetir al niño lo que esperamos de él, en el entendido que estas acciones llevan a un aprendizaje.

Amenazar

Se refiere a la muy empleada acción en la que ponemos una consecuencia, generalmente negativa, a un comportamiento pero nunca la cumplimos. Por lo tanto, el niño aprende que lo que los adultos prometen no lo llevan a cabo y que sólo se queda en palabras. Una regla que funciona en estos casos es que nunca debemos ofrecer lo que no podemos o queremos cumplir, tanto positivo como negativo. Si tenemos esto en mente seremos más cautelosos en las advertencias que lancemos, ya que si no las cumplimos el menor sabrá que puede seguir haciendo lo que quiera sin que haya consecuencias.

Las amenazas le dan una impresión de inconsistencia y de temor al pequeño, sin que sienta que tiene que modificar su conducta, y una sensación de cansancio e ineficacia a los padres.

Acciones que aprovechamos para instruir

Discursos y sermones

Los empleamos con el fin de que los niños entiendan su mal comportamiento a través del razonamiento y los planteamientos de los adultos, y generalmente nunca hacen alusión directa al límite o al comportamiento que queremos modificar. Los niños aprenden que con un poco de paciencia el sermón tiene que terminar en algún momento, y que después pueden continuar su vida como si nada hubiera pasado. Podemos imaginar la cara de un pequeño impaciente que sólo piensa en el momento en el que el discurso termine para irse a jugar y no escucha nada de lo que le dicen. En los adolescentes es frecuente escuchar comentarios como "si puedo aguantar media hora de sermones, puedo llegar a la hora que quiera y no me pasa nada". De nada le sirve al niño escuchar un discurso de media hora, si solamente tiene que cerrar la llave del agua.

Acciones en las que nosotros mismos no respetamos nuestras reglas

Negociar

Si negociamos las reglas básicas de la casa, les damos a los niños la oportunidad de cuestionarlas y de que pongan sus propias normas. Es por ello que hay que estar seguros de los límites que ponemos y tener claro en cuáles no hay lugar a la negociación, sobre todo en cosas esenciales en las que no hay cambios: seguridad, empleo de drogas y alcohol o el respeto. Con los adolescentes, más que negociar se requiere flexibilizar los límites.

Ignorar la conducta que queremos evitar

Este punto es muy discutido y tiene dos indicaciones:

a. El niño tiene un comportamiento que molesta pero que él disfruta. Por ejemplo, si está haciendo ruido en la mesa golpeando un vaso con una cuchara o si está soplando con un popote el refresco que está tomando, difícilmente lo dejará de hacer antes de que las demás personas se hayan enojado o de que haya tirado la bebida. Ignorar tampoco funciona si está molestando a sus hermanos y no quiere dejar de hacerlo. En esos casos hay que terminar con la acción que queremos eliminar sin esperar a que él decida hacerlo.

b. En otras situaciones no hacer caso puede ser el comportamiento que debemos seguir cuando el niño insiste reiteradamente en hacer u obtener algo que no es adecuado. Si pide que le compremos un juguete y le decimos que no, ya le explicamos por qué no y él persiste, lo único que procede es ignorarlo hasta que se dé cuenta de que su obstinación no va a llevarlo a ninguna parte. Esto puede ser muy desgastante y agotador, ya que generalmente los pequeños tienen mucha más energía y perseverancia que los adultos para obtener lo que quieren. Lo que los niños deben aprender es que cuando sus padres dicen algo en verdad es lo que quieren decir y no van a cambiar de opinión.

Exceso de premios y castigos

Los premios y castigos son una parte natural de la vida y pueden utilizarse para lograr ciertos cambios, pero si abusamos de ellos pierden toda su efectividad. Cuando los usamos en exceso el niño aprende que no tiene responsabilidades y que puede "cobrar" por todo, le estamos comunicando que no esperamos que coopere a menos que tenga alguna ganancia por lo que hace.

Podemos emplear premios y recompensas para reconocer los esfuerzos y logros que van teniendo los menores, pero a la larga, si abusamos de ellos, el niño va a pensar que se merece todo sin hacer ningún esfuerzo y tendrá un vacío interno donde nada le satisface. La idea es que a medida que pasa el tiempo sustituyamos las recompensas materiales, como juguetes o dulces, por estímulos y reconocimiento social.

Asimismo, abusar del castigo (que es diferente a la consecuencia) hace que el niño se vuelva inmune e incluso cínico y aparentemente insensible o que desarrolle un sentido de injusticia y resentimiento hacia el mundo que le rodea.

Cuando queremos decir realmente no

Decir NO a un niño implica poner un límite claro y que no se va a pasar sobre él. Esto lo hacemos porque es necesario para el desarrollo o aprendizaje del menor. Como dijimos anteriormente, debemos establecer de antemano límites claros. Cuando el adulto dice que no y se mantiene firme en sus convicciones sirve de ejemplo al pequeño, quien a su vez sabrá decir que no ante situaciones que no le convengan, como cuando se vea presionado a hacer actos indebidos cuando crezca, como pueden ser consumir drogas o cometer actos ilícitos.

Requisitos para poner límites

Para poner límites es necesario que tomemos la responsabilidad de guiar al niño, para ello debemos llenar los siguientes requisitos.

Tener:

- actitud de aceptación, afecto y respeto hacia el niño y
- mayor jerarquía, o
- más conocimientos, o
- mayor fuerza de carácter, o
- más seguridad, o
- más madurez.

Actitud de aceptación, afecto y respeto

De los puntos anteriores sólo éste es absolutamente indispensable (ya describimos en el primer capítulo su importancia) y los demás, uno o varios, pueden sumarse a él. Si no aceptamos al niño plenamente por quién es con respeto y afecto, difícilmente admitirá la autoridad del adulto. Podemos imaginar el rechazo que siente un niño hacia las reglas que le impone una persona que no lo acepta plenamente.

Mayor jerarquía

Los adultos, por edad y parentesco, tienen mayor jerarquía que los niños. Con frecuencia los pequeños perciben a los adultos como gigantes, y su tendencia es a sentirse impresionados por lo que ellos dicen o hacen hasta que crecen o el adulto pierde autoridad.

Más conocimientos

Por edad y experiencia el adulto sabe más que el niño, sobre todo en lo que se refiere a experiencias de la vida y a consecuencias de sus acciones, aunque a veces algunos papás lo dudan ante los comentarios inteligentes y creativos de sus hijos. Podemos estar seguros de que ellos son quienes tienen los conocimientos para guiarlos.

Mayor fuerza de carácter

En este aspecto no siempre encontramos la balanza inclinada hacia el lado de los adultos, ya que a veces son los niños quienes se imponen a los mayores y estos carecen de la fuerza de carácter para guiarlos. Ante la duda de los adultos los pequeños, aunque sólo tengan dos o tres años, toman el control. Aquí la pregunta clave es: "¿quién manda en la casa?", y no es raro que la respuesta sea "los niños".

Más seguridad

No siempre tenemos seguridad acerca de qué es lo que queremos porque no estamos convencidos de nuestros deseos; en
cambio los niños cuando piden o quieren algo sí lo están, aunque no sea lo más conveniente. Ellos nos pueden dar lecciones
de lo que es ser perseverante cuando realmente se quiere algo.
Si el niño se inconforma por lo que sus padres le piden, los
adultos sentimos que no estamos haciendo lo correcto. La
duda surge al no estar seguros de los objetivos que respaldan
las demandas. Por ejemplo, si un niño de dos años ya quiere
subir solo las escaleras, aunque sea peligrosa insistirá en hacerlo, pero quien sabe si tiene o no la habilidad necesaria es el
adulto, y él es quien debe tomar la decisión. Hay que escuchar
lo que los niños dicen, pero existen muchas situaciones en
donde por su edad y poca experiencia no tienen la capacidad
de decidir.

Más madurez

Podemos esperar que los adultos nos comportemos con madurez para guiar al menor y saber qué es lo que le conviene,
aunque esto no siempre es cierto ya que en ocasiones los adultos carecen de sentido común. Actualmente los niños presentan argumentos que parecen muy desarrollados para su edad,
pero no hay que confundir estas reflexiones, que aparentemente tienen una lógica, con razonamientos bien sustentados
que los hacen parecer más maduros de lo que realmente son.
Muchas veces simplemente repiten lo que escuchan y por lo
tanto, lo que dicen no está basado en el conocimiento o la experiencia de los mayores. Hay que escucharlos, cuestionarlos y
explicarles qué es lo que están diciendo realmente. Si profun-
dizamos en lo que defendían con tanta tenacidad descubrire-
mos que no tiene mucho sentido para ellos.

En situaciones excepcionales los niños se ven obligados en edad muy temprana a tomar responsabilidades que corresponden a los mayores, ya sea porque no tienen padres o porque estos se desentienden de sus hijos y estos se ven obligados a actuar de manera más madura, o como si fueran mayores de lo que son en realidad, simplemente para sobrevivir. A veces vemos padres que se pelean con sus hijos por juguetes o porque les ganan en el juego, sólo por mencionar un ejemplo. En casos extremos los hijos de padres alcohólicos o con alguna enfermedad mental se ven obligados a funcionar como niños mayores desde una edad temprana, como si ellos fueran la mamá o el papá de sus padres.

Cómo poner límites firmes

1. El límite debe ser importante para la persona que lo pone

Esta es la base para definirlo. También debemos tomar en cuenta en qué momento decidimos qué límites vamos a poner. ¿Cuántas veces insistimos en algo solamente por costumbre, sin preguntarnos si es importante para el niño o es parte de los objetivos de la familia?

Si el límite no es lo suficientemente importante como para dedicarle tiempo y esfuerzo entonces es mejor no ponerlo, ya que la mayor parte de las veces no cumple su cometido y el niño capta que no es tan importante y que a veces se puede cumplir y otras no. Hay padres que dicen "en mi casa no se

permite el desorden porque no lo aguanto" y en esa casa seguramente no va a haber desorden, pero en cambio si no importa tanto que los niños se paren de la mesa todo el tiempo a la
hora de la comida y esto se pasa por alto, seguramente ese límite no se cumplirá. Por lo tanto sólo hay que poner reglas
que sean importantes para nosotros.

2. Los límites deben presentarse de manera clara

Deben centrarse en la conducta y ser presentados de manera positiva

En vez de decir "no molestes a tu hermano" y "no subas los pies
al sillón" deberíamos expresar "no le quites sus cuadernos a tu
hermano" y "pon los pies en el piso". Si damos demasiadas explicaciones perdemos el objetivo de lo que queremos decir.
Mientras más pequeños sean los niños más cortos deben ser los
mensajes. Cuando crezcan podremos discutir las reglas con ellos.

Deben tener el mismo significado para varias personas, con el propósito de evitar ambigüedades

No debemos decir "quiero que seas un buen niño y te portes
bien" porque el mensaje no es lo suficientemente claro o específico. "Ser buen niño" o "portarse bien" tiene un significado
diferente para cada persona y seguramente no hablamos de lo
mismo. El niño a quien su mamá le pregunta "¿cómo te fue en
la escuela?" y contesta "bien" puede estar pensando "¡metí dos
goles!" mientras la mamá imagina que "ha de haber sacado
buenas calificaciones".

Deben apoyar lo que decimos con acciones

Si decimos una cosa y hacemos otra el límite no funciona. Cuando le decimos a un niño pequeño que no tire la comida en la mesa, pero al mismo tiempo nos hace mucha gracia y nos reímos, la acción y las palabras no coinciden y el mensaje se pierde porque el pequeño responde a la acción y no a las palabras.

3. El límite debe expresarse por anticipado

Para que un límite sea aceptado y llevado a cabo debe de conocerse con anterioridad. Cuando las reglas del juego están claras y son conocidas con anticipación por el niño él sabrá cómo comportarse. Siempre que entramos a una escuela o a algún grupo social conocemos las normas desde antes y nunca después de que hay algún incidente. Si ponemos un límite cuando ya pasó la acción inadecuada entonces no lo es, y por lo tanto no funciona. Es como "tapar el pozo después de que se ahogó el niño".

Cuando detectamos una acción inadecuada por parte del menor, para la cual no hemos establecido límites, es mejor señalar directamente la acción y decir "a partir de ahora, ya no voy a permitir...".

4. La persona que pone el límite debe estar segura de que el niño entendió el mensaje

Con frecuencia damos por hecho que cuando expresamos un mensaje el niño entiende automáticamente lo que esperamos de él. Esto no siempre es cierto, sobre todo si las instrucciones son poco específicas, como cuando decimos "acuérdate que no puedes hacer eso" o "no puedes ir allí"; entonces promovemos que el niño se siga comportando inadecuadamente porque el lenguaje que maneja es distinto al del adulto.

Para estar seguros de que el menor comprendió el mensaje tenemos que pedirle que repita lo que captó y diga qué es lo que puede o no hacer. Entre más pequeño debemos darle mensajes más cortos y concretos y preguntarle qué entendió.

5. Los límites deben marcarse con afecto

Para poner un límite necesitamos afecto y utilizar el tono de voz normal. Esto lo conseguimos si expresamos la regla por anticipado, así evitamos el enojo. Si ponemos un límite cuando estamos fuera de control es muy probable que éste sea inadecuado y desproporcionado y que, por lo tanto, no se pueda cumplir. Si marcamos un "de ahora en adelante no puedes salir a jugar nunca más" el niño no va a reaccionar al límite, sino al enojo de quien lo pone y su preocupación va a ser que lo quieran y que lo acepten, por lo que no va a escuchar el parámetro en sí. Otro ejemplo es que cuando le gritamos "ya te dije que no le quites sus juguetes a tu hermano", el niño se va a preocupar porque ya no lo quieren y no por lo que hizo.

Los gritos y los enojos a veces funcionan por el temor, pero a la larga pierden su efectividad.

6. Al establecerlos hay que presentar alternativas

De esta forma quitamos la dureza aparente o la forma impositiva de los límites firmes sin renunciar a ellos, simplemente damos opciones relacionadas a la manera en que el niño los puede cumplir. Le proponemos por ejemplo, "te lavas los dientes antes o después de ponerte la pijama, pero es importante que te los laves". De esta forma le ayudamos a tomar decisiones y a asumir la responsabilidad de sus acciones.

Las alternativas tienen que ir cambiando con la edad y en general no son abiertas, se dan únicamente dos o tres porque si son demasiadas los niños se confunden y no pueden decidir.

7. Deben ser consistentes

Para que los límites funcionen deben reforzarse constantemente y de manera consistente. Ningún límite se cumple la primera vez que lo ponemos. Con frecuencia les decimos a nuestros hijos "¿cuántas veces te he dicho eso, cuántas veces te lo tengo que repetir?" y los muy pequeños podrían contestarnos "eso me lo dijiste ayer pero no me lo dijiste hoy".

Hay que repetir las cosas hasta que los conceptos o el comportamiento formen parte de la vida diaria del niño y se vuelvan automáticos. Nada se consigue de la noche a la mañana. Después de aprender hay que practicar, lo mismo sucede con los límites. Lo importante es tomar en cuenta los pequeños logros, sin perder de vista el objetivo final.

En la medida de lo posible, las personas encargadas del cuidado del menor deben manejar los mismos límites, lo cual es difícil porque siempre habrá desacuerdos en algún punto, pero es indispensable que estos no sean en aspectos esenciales ya que le pueden causar desconcierto al pequeño.

Cuando hay divergencias en los límites que ponen los padres, los pequeños se desorientan y habitualmente toman la posición que más les conviene o les place en ese momento. Un tipo de desacuerdo es el que surge cuando ambos padres trabajan y sus hijos se quedan a cargo de los abuelos u otra autoridad que en ocasiones cuestiona la eficacia y autoridad de los progenitores. Otro ejemplo, que es común, es cuando uno de los padres trabaja toda la semana y cambia las reglas los fines de semana, que es cuando está en casa con ellos. En todo caso, el camino es buscar una solución para llegar a un acuerdo en los aspectos básicos de la educación y los límites que se van a manejar con los niños, de manera que no reciban mensajes contradictorios. Cuando hay incoherencias los niños encuentran la oportunidad para no acatar los límites.

8. En límites firmes debemos especificar las consecuencias

Este tema es de suma importancia por lo que le dedicaremos un capítulo aparte, pero es importante decir que para que un límite se cumpla debe tener una consecuencia, si no lo mismo da si se cumple o no. En la vida diaria las acciones siempre tienen algún efecto, ya sea positivo o negativo. Por ejemplo, si faltamos a trabajar no vamos a recibir el sueldo completo.

Cuando ponemos límites firmes debemos establecer las consecuencias por anticipado, al mismo tiempo que ponemos la regla. Su objetivo es que ayuden al niño a comprender el efecto que tienen sus acciones en el mundo que lo rodea. No se trata de castigar sino simplemente de poner las cosas en su estado natural o de volver a poner en orden lo que está mal. Si el pequeño pierde la pelota de su amigo la tiene que reponer. Las consecuencias deben ser del mismo tipo que la falta que se comete y al igual que en el caso de los límites, es importante ser consistente con ellas.

···

Puntos importantes en el proceso para poner límites:

El límite debe:

1. Ser importante para las personas que lo ponen.
2. Presentarse de manera clara.
3. Expresarse por anticipado.
4. Ser comprendido claramente por el niño.
5. Marcarse con afecto.
6. Ser presentado junto con alternativas.
7. Ser consistente.
8. Cuando es un límite firme, tener claramente especificadas las consecuencias.

···

Los límites se ponen de manera diferente dependiendo de la etapa de desarrollo

En el primer año

El niño llora cuando necesita algo, depende completamente de los adultos, necesita que lo atendamos. En esta etapa no puede ser malcriado porque si llora es porque necesita atención, tiene hambre, sueño o está mojado; a él no le ponemos límites sino que le empezamos a desarrollar hábitos, sobre todo los que tienen que ver con la rutina del sueño y la alimentación. Cuando queremos cambiar una conducta determinada (si está muy inquieto o llora mucho) puede ser útil tratar de distraerlo, siempre y cuando el malestar del niño no se deba a que está enfermo o a que se siente incómodo.

Del primer al segundo año

Sobre todo alrededor de los dieciocho meses, sólo entiende órdenes sumamente cortas como "no". En esta edad el límite debe ser firme para que lo comprenda: cuando le diga "nos vamos". Es la etapa en la que quiere explorar todo y en la que tenemos que estar especialmente atentos a lo que representa una amenaza para él, aún estando en compañía de los adultos. Si algo es peligroso la orden debe ser corta y estar acompañada de movimientos y acciones inmediatas para que comprenda mejor. La palabra "no" por sí misma no tiene sentido, ya que puede estar vaciando un cajón al mismo tiempo que repite "no...no...no...". El "no" también debe indicarle a qué se va a enfrentar: "no porque quema", "no porque te cortas", "no porque duele".

Entre los 2 y los 3 años

Es la etapa de los berrinches, de aquí que sea necesario que pongamos atención y preveamos, en lo posible, las situaciones en donde pueda estar incómodo, tales como sacarlo de casa cuando está cansado o con hambre. El berrinche es una forma que tiene el niño de descargar tensiones, por lo tanto debemos detenerlo antes de que explote o si ya empezó dejar que se calme y explicarle qué pasa.

Es la época del entrenamiento de control de esfínteres y buena parte de la energía y de los límites se invierten en eso, por lo que necesitamos paciencia. Por otro lado, los niños ya pueden caminar y trepar; contantemente están explorando su ambiente y, por lo tanto, debemos asegurarnos de que lo puedan hacer sin que haya peligro para ellos porque es muy importante que tengan oportunidades para probar sus nuevas habilidades en un ambiente seguro.

Entre los 3 y los 4 años

Empezamos a poner límites, sobre todo los relacionados con los hábitos. Les enseñamos lo que deben hacer, les recordamos qué esperamos de ellos y les repetimos las reglas cuantas veces sea necesario.

Podemos poner límites en forma de juego utilizando relaciones con personajes imaginarios o mascotas. No es raro que en esta etapa presenten dificultades en el sueño, como pesadillas, o que se pasen a la cama de sus papás por los miedos propios de la edad, por ejemplo el temor a la oscuridad o a los monstruos. En esos casos hay que entenderlos y acompañarlos a su cama y no utilizar castigos o medidas punitivas para que dejen de presentar estos comportamientos.

Entre los 4 y los 6 años

Ya hemos establecido los principales hábitos. Los problemas tienen que ver más con las dificultades y las relaciones en la escuela. Debemos tratar de mantener los hábitos ya establecidos y reforzar los límites que tienen que ver con las relaciones entre compañeros. También es importante reconocer sus logros en la escuela y emplear recompensas para estimular al niño tales como "cuando te vayas a dormir te cuento un cuento".

Entre los 6 y los 12 años

Los límites deben ser claros y centrarse en la conducta que queremos lograr. A esta edad reaccionan a los premios y a las consecuencias. Sus juegos se centran en las reglas, las cuales son importantes para ellos, y gran parte de su actividad se dirige a establecerlas y a comprenderlas. Entienden las consecuencias de sus acciones, por lo que en esta etapa ya podemos establecerlas en relación con los límites que no cumplen.

Entre los 12 y los 15 años

Hay que escuchar lo que los niños tienen que decir, alguna de las reglas se empiezan a negociar y los límites se estiran cada vez más. Tienen que haber parámetros claros y consecuencias explícitas para que los jóvenes tengan conocimiento de hasta dónde pueden llegar y tengan conocimiento del alcance de sus habilidades recién adquiridas.

Años	Características	Qué hacer	Cómo poner límites
0-1	• El niño se expresa a través del llanto	• Buscar la causa del llanto	• Necesita ser atendido • Establecer rutina de sueño y alimentación
1-2	• Explora su medio • No tiene sentido del peligro • No entiende el NO	• El ambiente debe ser seguro, libre de peligro • Darle juguetes y material seguro	• El NO tiene que ir acompañado de acciones o indicarle a qué se va a enfrentar: "¡No, te quemas!"
2-3	• Es la época de los berrinches • Se despierta en la noche llorando • Es la etapa del entrenamiento del control de esfínteres	• Dar órdenes cortas y claras • Prevenir berrinches • Dar oportunidades para probar sus habilidades • Crear un ambiente adecuado para el	• Usar un lenguaje sencillo de frases cortas • Detener el berrinche antes de que se inicie o si ya empezó dejar que el niño se calme

Años	Características	Qué hacer	Cómo poner límites
		control de esfínteres	•Tener paciencia para establecer el control de esfínteres
3-4	•Temor ante la posibilidad de separarse de sus padres o de ser abandonado	•Escuchar sus preocupaciones, darle seguridad, hablar con él	•Primero dar seguridad y después poner el límite
	•Inicio de la etapa de las pesadillas	•Darle oportunidad de jugar para expresar y superar sus miedos	
	•Empleamos los límites para desarrollar hábitos		
4-6	•Los problemas surgen de la interacción y las presiones de la escuela	•El niño necesita sentirse protegido	•Establecer límites y una rutina predecible
	•Se relaciona con más niños y adultos	•Hay que darle seguridad y reconocer sus logros	
6-12	•Es capaz de entender reglas y las consecuencias de sus acciones	•Escucharlo	•Poner límites claros y centrarnos en la conducta que queremos
			•Establecer consecuencias de acuerdo a la falta
12-15	•Los jóvenes tratan de negociar las reglas	•Escuchar a los jóvenes	•Flexibilizar los límites
			•Poner consecuencias de acuerdo con la falta

Jerarquizar límites

No todos los límites tienen la misma jerarquía, ni los podemos poner al mismo tiempo porque dejamos prácticamente sin respiro al niño.

Antes de ponerlos, hay que considerar los que son más importantes y en los que estamos dispuestos a invertir tiempo y energía, a insistir para que se cumplan.

Hay que reflexionar sobre:

- Dónde vamos a invertir energía.
- Dónde no vale la pena insistir.
- Dónde hemos insistido y no vale la pena porque no reporta ningún beneficio.

Por último, habría que observar si a la fecha hemos dejado de lado algún límite que es necesario incluir.

Para esto proponemos el siguiente ejercicio:

Ejercicio 1

Señale los aspectos en los que basa su autoridad

	Sí	No
Una actitud de aceptación y afecto	☐	☐
Una mayor jerarquía, o	☐	☐
Un mayor conocimiento, ó	☐	☐
Mayor fuerza de carácter, o	☐	☐
Mayor seguridad, óo	☐	☐
Mayor madurez.	☐	☐

Ejercicio 2

Conteste las siguientes preguntas:

	Sí	No
¿Los límites que pone son realmente importantes para usted?	☐	☐
¿Los presenta de manera clara?	☐	☐
¿Los expresa por anticipado?	☐	☐
¿Verifica si el niño entendió su mensaje?	☐	☐
¿Marca los límites con afecto?	☐	☐
¿Presenta alternativas?	☐	☐
¿Es consistente?	☐	☐
¿Especifica consecuencias cuando es necesario?	☐	☐

Ejercicio 3

De acuerdo con lo descrito en este capítulo, dé solución a las siguientes situaciones siguiendo la indicación de lo que se pide.

Ponga el límite de manera clara:

María tiene cuatro años y asiste al jardín de niños. Su mamá le pide todos los días que se porte bien en la escuela porque es una buena niña. Con frecuencia María lleva a su casa reportes de mal comportamiento y de que no trabaja. Su mamá insiste en que debe ser una buena niña. ¿Qué puede decirle a María para que se porte bien en la escuela?

_____

_____

_____

_____

Exprese por anticipado el límite:

Lorena tiene cinco años, es una niña inquieta. Un día se tiró el refresco encima después de que su mamá le dijo varias veces "ten cuidado, se te va a caer el refresco". Después de que se lo derramó su mamá gritó "¡te lo dije!".

_____

_____

_____

_____

_____

Verifique si se entendió el mensaje:

Rafael, que acaba de cumplir tres años, está en una fiesta con sus amigos y su mamá quiere salir de ahí a más tardar a las cinco.

_____

_____

_____

_____

Dar alternativas:

Rodolfo, de siete años, es un niño que desde pequeño se resiste a obedecer a su mamá. Cuando es hora de hacer la tarea, de ponerse la pijama o de lavarse los dientes siempre responde "al ratito", y claro que al ratito se prolonga hasta una hora, con la consecuencia lógica de que se hace tarde para dormir. Su mamá siempre le dice "¡vete a poner la pijama!", "¡vete a lavar los dientes!" a lo que el niño responde "al ratito".

_____

_____

_____

_____

Si es necesario especifique consecuencias:

Juanito que tiene cinco años y vive en un condominio quiere ir a visitar a su vecino que vive en un edificio cercano, pero su mamá no le dio permiso. El sale y se va. ¿Qué haría usted?

_____

_____

_____

_____

Ejercicio 4

Jerarquice los límites que desea poner de la siguiente manera:

nera:

a. Los que son muy importantes

_____

_____

_____

_____

b. Los que son medianamente importantes

_____

_____

_____

_____

c. Los que ha puesto hasta ahora y que puede eliminar

_____

_____

_____

_____

d. Los que no ha puesto hasta ahora y que necesita establecer

_____

_____

_____

_____

_____

Escriba cinco situaciones en las que sus intervenciones como padre sí funcionan al poner límites.

1. _____

2. _____

3. _____

4. _____

5. _____

Escriba cinco situaciones en las que sus intervenciones como padre no funcionan al poner límites.

1. _____

2. _____

3. _____

4. _____

5. _____

Aplicación de consecuencias

Antes de establecer consecuencias es necesario revisar los puntos sobre adecuación del ambiente y las alternativas descritas en el capítulo "Adecuación del ambiente".

¿Qué son las consecuencias?

El término consecuencias es controvertido porque tiende a confundirse o a usarse como sinónimo de castigo. Se refiere a acciones que se derivan directamente de otra inadecuada y que tienen únicamente por objeto que la persona aprenda de la experiencia.

Diferencias entre consecuencias y castigos

La diferencia radica en la intención que existe detrás de ellos. En los castigos el propósito es hacer pagar a la persona su falta con dolo o con el deseo de causarle daño. El sufrimiento derivado da por satisfecha la trasgresión, y el aprendizaje que en un momento dado puede existir es consecuencia del dolor y el malestar experimentado y no de su relación con la falta cometida.

Aunque son ampliamente empleados en los niños como estrategia educativa, no son recomendables y sugerimos considerar el uso de las consecuencias para educar a los menores.

El objetivo de las consecuencias es el *aprendizaje y no el sufrimiento*. Cuando aplicamos una consecuencia nos debemos preguntar ¿qué es lo que mi hijo aprende de esto?

¿Para qué sirven las consecuencias?

El uso de consecuencias es un método para enseñar al niño a aprender de sus acciones y para motivarlo a tomar decisiones responsables sin forzarlo a someterse a un control autoritario. Cuando vive los efectos de sus actos aprende a ser responsable de sus decisiones.

Características de las consecuencias

Deben ser proporcionales a la falta

Hay que graduarlas. No es lo mismo que un niño tire el agua a que le esté pegando con un palo a su hermano. Los pequeños no saben jerarquizar los acontecimientos y por lo tanto somos los adultos los encargados de hacerlo. A una falta leve corresponde una consecuencia pequeña y a una más severa corresponde una de la misma magnitud.

No hay que agotar las consecuencias, si ponemos una muy grande para una falta leve cuando realmente exista la necesidad de poner una mayor ya no va a haber otras a las cuales recurrir. Por ejemplo, cuando dejamos al niño sin salir un mes a casa de sus amigos porque perdió su suéter, y después porque le pega a su hermano y se escapa de la escuela le ponemos el mismo castigo, le estamos aplicando consecuencias que no son proporcionales a la falta que cometió.

Tienen que estar relacionadas con la falta

Para que haya un aprendizaje la consecuencia tiene que estar estrechamente vinculada a la trasgresión. Si el niño saca bajas calificaciones la consecuencia tiene que estar relacionada con dedicar mayor tiempo al estudio; si lo que hizo se relaciona con la limpieza el efecto tiene que ser en este sentido. Hay ocasiones en donde no es tan fácil encontrar la consecuencia, si por ejemplo el niño no se quiere poner el suéter para ir a la escuela ¿cuál sería la consecuencia?, no puede ser dejar de ir a la escuela.

A veces recurrimos a las mismas consecuencias como quitar la televisión o no salir a jugar y de tanto usarlas pierden su efecto. También es posible acumular tantas que ya a los niños ni siquiera les interesan o se vuelven inmunes.

Cuando ponemos una consecuencia es pertinente preguntarnos ¿qué necesita aprender mi hijo? Por ejemplo, ¿de qué le sirve que le quite su juguete nuevo si no quiere hacer la tarea?, ¿qué sería lo adecuado?

. . . .

Para poner una consecuencia debemos tomar en cuenta:

• La intención con la que se cometió la falta
• La intensidad de la falta
• El efecto de la falta
• El efecto de la consecuencia en el niño

. . . .

Deben ser consistentes

Una misma falta siempre debe tener la misma consecuencia, éstas no se ponen según el estado de ánimo. Si decidimos que una determinada acción merece una consecuencia, debemos poner esa consecuencia siempre y no unas veces sí y otras no.

Deben ser establecidas por anticipado

Al igual que los límites, debemos establecer las consecuencias con anticipación para que el niño sepa qué puede pasar si sobrepasa el límite. Esto, por contradictorio que parezca, le da mucha seguridad ya que los niños se guían por lo que es aceptado o no por los padres.

No deben ser puestas de acuerdo con nuestro estado de ánimo

Debemos establecerlas por anticipado para que el estado de ánimo no influya en el tipo de medidas que tomaremos. Cuando estamos muy enojados o cansados tendemos a poner consecuencias desproporcionadas a la falta, a exagerarla o pasarla por alto; por el contrario, si estamos muy contentos todo nos parece bien. De ahí la importancia de tomarnos el tiempo necesario para reflexionar antes de poner una consecuencia.

No deben involucrar a un tercero

Debemos tener mucho cuidado al poner las consecuencias porque quizá involucren a un tercero o a los mismos padres. Como cuando le decimos al niño "ahora te vas a quedar sin ir a la fiesta", pero resulta que toda la familia va a ir y no hay quien se quede con él, entonces la consecuencia es contraria a lo que realmente deseamos; o si un amigo está de visita no tiene por que sufrir la consecuencia por lo que el niño de la casa hizo, ya que en este caso las reglas no son para él.

Tipos de consecuencias

Hay diferentes tipos de consecuencias: **positivas** y **negativas**. Las **positivas** se utilizan para motivar o estimular, por ejemplo, cuando nuestro hijo hace un esfuerzo para mejorar sus calificaciones podemos darle un estímulo, como llevarlo a un lugar que él escoja. Las **negativas** se usan para que el niño tenga algún tipo de aprendizaje por la falta cometida, si el pequeño no guarda sus juguetes después de jugar le expresamos que la próxima vez sólo podrá sacar uno o dos y que hasta que no los guarde podrá hacer uso de los otros.

Algunos autores dividen las consecuencias en **naturales** y **lógicas.**

Las **naturales** se derivan directamente de la falta, evento o situación. Si el niño tira un vaso de agua la consecuencia es limpiar; si desordena ordenar.

No todas las acciones tienen consecuencias naturales, ya que algunas veces son demasiado peligrosas, severas o también porque puede pasar mucho tiempo sin que ocurra algo y entonces el aprendizaje llegaría demasiado tarde. La consecuencia de que un pequeño corra para cruzar la calle sería inaceptable, no podemos esperar a que el niño tenga un accidente, debemos prevenir desde el paso anterior, desde que le damos la mano; pero si corre primero lo detenemos y después le damos una consecuencia que evidentemente no es la natural.

También puede pasar que la consecuencia natural afecte a un tercero y que necesitemos proteger a esa persona. Si un niño le quita su juguete preferido a su hermano la consecuencia natural podría ser guardar el juguete, pero en este caso el afectado sería el hermano que no ha hecho nada.

Las consecuencias **lógicas** son arreglos que hacen los padres y tienen relación lógica con un evento particular y su objetivo es detener un comportamiento inadecuado. Por ejemplo, si el niño deja tirados sus juguetes solamente podrá sacar dos para jugar.

Hemos visto en la práctica que cuesta trabajo hacer la diferenciación entre los tipos de consecuencias, por lo que de aquí en adelante solamente hablaremos de consecuencias.

Castigos

Como dijimos, el castigo por llevar la intensión de causar dolor daña al niño profundamente. No necesariamente tiene que ser a nivel físico para dejar secuelas.

Es una forma inadecuada de lograr que el pequeño cambie su comportamiento, sobre todo el castigo físico, porque ante él se siente humillado y va creando defensas tan grandes que al correr del tiempo pierde su efectividad. Algunas veces hasta reta al padre o la madre diciendo que no le duele o que no le importa, cuando realmente está ocultando un profundo dolor, humillación y coraje.

A los niños les faltan muchas habilidades para controlarse y hacer las cosas con la precisión que demandan los adultos y puede haber momentos en que desesperen a los que los rodean aunque los quieran mucho. Con frecuencia la reacción es castigarlos porque no se conocen otras alternativas. De aquí que hay que buscar qué otras formas podemos utilizar para lograr que el menor aprenda sin hacerle daño.

Ejercicio

Utilizando lo que aprendió en este capítulo, resuelva los problemas que a continuación le presentamos.

1. Su niño de diez años tiene el hábito de dejar la patineta fuera de la casa y debería meterla cuando regresa de jugar en vez de dejarla tirada. ¿Qué haría usted para que aprenda que debe guardarla? Busque una consecuencia.

Anote las ventajas de la consecuencia que escogió.

_____

_____

Anote las desventajas de la consecuencia que escogió.

_____

_____

_____

2. Ana, de dos años, siempre hace berrinches. Una persona le recomienda a sus papás que cada vez que haga uno la lleven a su cama (que tiene barrotes). Después de un tiempo Ana ya no quiere dormir en su cama y cada vez que la quieren meter hace berrinches más fuertes que los que hacía antes. ¿Cómo puede solucionar este problema?

_____

_____

_____

3. Pepe tiene dos años y medio y desde que tenía un año ya dormía en su cuarto, pero últimamente se pasa al de sus papás todas las noches. Ellos le compraron una lámpara pequeña para su cuarto y un oso de peluche. Aun así no se quiere quedar solo. ¿Qué haría usted?

_____

_____

_____

4. Jaime, de cuatro años, llega de visita con su mamá a casa de unos amigos. A la hora de irse no se quiere poner el suéter. La mamá insiste porque el pequeño tiene gripe. El niño hace un berrinche y se niega a ponérselo, la mamá se desespera y acepta que no se lo ponga. ¿Cómo habría solucionado usted este problema?

_____

_____

_____

5. Juan, de diez años, tiene un perro al que adora. Como sacó malas calificaciones sus papás lo castigaron dejándolo sin jugar con el animal durante una semana. ¿Qué piensa de esta consecuencia?

_____

_____

_____

Reflexión personal

Ahora que casi terminó de leer el libro, anote qué aprendió y por qué cree que algunas de sus intervenciones funcionan y otras no:

_____

_____

_____

_____

_____

_____

_____

_____

_____

_____

_____

_____

_____

_____

Recapitulación

El último ejercicio del libro es que resuelva sus propias dificultades, para lo cual le sugerimos vuelva a leer el ejercicio donde jerarquizó sus límites y revise los pasos que hay que seguir al establecer límites:

....

Pasos que hay que seguir para establecer límites:

1. Conocer qué tipo de autoridad somos.
2. Conocer las características y necesidades del niño según su etapa de desarrollo.
3. Tener objetivos precisos basados en valores claros.
4. Proporcionar un ambiente adecuado.
5. Formar hábitos.
6. Enseñar lo que el niño tiene que saber.
7. Dar alternativas.
8. Definir los límites.
9. Establecer consecuencias (únicamente en límites firmes).

....

Tenga en mente que:

Lo más importante es la relación con el niño. No vale la pena sacrificar la relación con su hijo en aras de una educación demasiado perfeccionista.

No trate de cambiar todo al mismo tiempo. Los cambios requieren tiempo porque se trata de un proceso en donde se tienen que ir asimilando los pasos de uno a uno hasta que se vuelven parte de la vida diaria.

Confíe en sus conocimientos y en su sentido común. No podemos establecer automáticamente un conjunto de reglas o métodos sin hacerlos parte de nosotros mismos. Encontrará muchas situaciones en las que su sentido común le dirá que debe de esperar para hacer los cambios o que algo no es adecuado para su hijo, pero tenga cuidado de no caer en el autoengaño si en realidad desea modificar su relación con él.

No hay padres ni hijos perfectos. La relación padre-hijo sirve para enriquecerse y para aprender de los errores, nadie nace sabiendo y menos conociendo como ser padre o hijo. Esto es algo que se vamos aprendiendo en la práctica a través de la interacción de uno con otro. Lo importante es la actitud con la que enfrentamos los problemas más que los problemas mismos.

Cómo educar a los hijos

Conseguirlo es el arte de un perfecto equilibrio entre amor y firmeza.

Otorgarles el regalo de la espiritualidad junto con lo material.

Mandarlos poco, decir con suavidad y tino si queremos ser obedecidos.

Orden en su persona y pertenencias. Observar inclinaciones.

Escuela segundo hogar, escoger de acuerdo con nuestras creencias e ideal de formación.

Dar gusto en lo conveniente y factible, saber negar a tiempo lo malo o dudoso.

Uso de razón, educación por convencimiento, señalar una obligación por pequeña que sea.

Cada hijo es diferente. La misma medida produce según el temperamento distintos efectos.

Ayudarlos, sí, pero inculcando siempre en toda actividad la responsabilidad personal.

Resolver problemas sin pegar, los golpes rebelan y endurecen el corazón. Nunca obrar por pasión.

Adaptémonos y vivamos la época de nuestros hijos..

La paz y ambiente familiar influirán en el carácter definitivo del hombre o de la mujer.

Orientarlos inteligentemente pero respetando su propia inclinación.

Sean ellos número uno por su esfuerzo personal y no por favoritismo.

Habiendo armonía conyugal, los niños adquieren confiannza y comprensión para abordar sus problemas.

Ir y venir con libertad e independencia, sin arriesgar su seguridad.

Justicia y equidad en el trato con los demás, como patrón para actuar en la vida.

Orden y horario. Distribuir el tiempo entre estudio, trabajo, descanso y diversión.

Sanas amistades, leales y confiables.

Con el ejemplo sobre todo, con respeto y con amor.

CAROLINA ALVAREZ-ICAZA DE VERDUZCO

Referencias bibliográficas

Mc. Kenzie, Robert, *Setting Limits*, Prima Publishing, Rocklin, Ca., 1993.

Nelson, Jane, Erwin Cheryl & Duffy Roslyn, *Positive Discipline for Preschoolers*, Prima Publising, Rocklin, Ca., 1995.

Labinowicz, *Introducción a Piaget*, Addiso-Wesley Iberoamericana, Wihnington, Delaware, 1987.

Papalia, Diane E. y Sally Wendkos Olds, *Psicología del desarrollo, de la infancia a la adolescencia*, MacGraw-Hill, 5a ed. México, 1992.